HOSHIORI 星栞

2023年の星占い
天秤座

石井ゆかり

天秤座のあなたへ
2023年のテーマ・モチーフ
解説

....
モチーフ：ドーナツ
....

　ドーナツは「輪」です。2023年の天秤座を巡る星を見て、「人の輪」ができあがるイメージが浮かんだので、輪っかのドーナツを選んでみました。ドーナツ自体、みんなでワイワイ食べることが多いのではないかと思います。ドーナツのたくさん詰まった箱を開ける時、どんなドーナツが入っているのか、ワクワクするものですが、2023年の天秤座の世界に生まれる「人の輪」もまた、バラエティゆたかなメンバーで構成されているはずです。人と出会うこと、関わること、分かち合うこと、みんなで仲良くすることが、2023年の大事なテーマです。

CONTENTS

はじめに

　こんにちは、石井ゆかりです。

　2023年は星占い的に「大物が動く年」です。「大物」とは、動きがゆっくりで一つの星座に長期的に滞在する星のことです。もとい、私が「大物」と呼んでいるだけで、一般的ではないのかもしれません。2023年に動く「大物」は、土星と冥王星です。土星は2020年頃から水瓶座に位置していましたが、2023年3月に魚座に移動します。冥王星は2008年から山羊座に滞在していましたが、同じく2023年3月、水瓶座に足を踏み入れるのです。このように、長期間一つの星座に滞在する星々は、「時代」を描き出します。2020年は世界が「コロナ禍」に陥った劇的な年でしたし、2008年はリーマン・ショックで世界が震撼した年でした。どちらも「それ以前・それ以後」を分けるような重要な出来事が起こった「節目」として記憶されています。

　こう書くと、2023年も何かびっくりするような出来事が起こるのでは？と思いたくなります。ただ、既にウクライナの戦争の他、世界各地での民主主義の危機、

世界的な環境変動など、「時代」が変わりつつあること
を意識せざるを得ない事態が起こりつつあります。私
たちは様々な「火種」が爆発寸前の世界で生きている、
と感じざるを得ません。これから起こることは、「誰も
予期しない、びっくりするようなこと」ではなく、既
に私たちのまわりに起こっていることの延長線上で「予
期できること」なのではないでしょうか。

　2023年、幸福の星・木星は牡羊座から牡牛座を運行
します。牡羊座は「はじまり」の星座で、この星座を
支配する火星が2022年の後半からコミュニケーション
の星座・双子座にあります。時代の境目に足を踏み入
れる私たちにとって、この配置は希望の光のように感
じられます。私たちの意志で新しい道を選択すること、
自由のために暴力ではなく議論によって闘うこと、な
どを示唆しているように読めるからです。時代は「受
け止める」だけのものではありません。私たちの意志
や自己主張、対話、選択によって、「作る」べきもので
もあるのだと思います。

《注釈》

◆ 12星座占いの星座の区分け（「3/21〜4/20」など）は、生まれた年によって、境目が異なります。正確な境目が知りたい方は、P.124〜125の「太陽星座早見表」をご覧下さい。または、下記の各モバイルコンテンツで計算することができます。
インターネットで無料で調べることのできるサイトもたくさんありますので、「太陽星座」などのキーワードで検索してみて下さい。

モバイルサイト【石井ゆかりの星読み】（一部有料）
https://star.cocoloni.jp/（スマートフォンのみ）

◆ 本文中に出てくる、星座の分類は下記の通りです。

火の星座：牡羊座・獅子座・射手座　　　地の星座：牡牛座・乙女座・山羊座
風の星座：双子座・天秤座・水瓶座　　　水の星座：蟹座・蠍座・魚座
活動宮：牡羊座・蟹座・天秤座・山羊座
不動宮：牡牛座・獅子座・蠍座・水瓶座
柔軟宮：双子座・乙女座・射手座・魚座

《参考資料》

・『Solar Fire Gold Ver.9』（ソフトウェア）/ Esoteric Technologies Pty Ltd.
・『増補版　21世紀　占星天文暦』魔女の家BOOKS　ニール・F・マイケルセン
・『アメリカ占星学教科書　第一巻』魔女の家BOOKS　M.D.マーチ、J.マクエバーズ
・国立天文台　暦計算室Webサイト

HOSHIORI

天秤座 2023年の星模様
年間占い

❋「他者」の側からおしよせるもの

ドアを叩く音がする年です。

ドアを叩いているのは、ドアの向こう側の誰かなのかもしれません。あるいは、あなた自身が誰かのいる場所に向かい、ドアを叩くことになるのかもしれません。いずれにせよ、そのドアが開かれて、あなたは相手の世界に深く入り込んでいくことになります。

2022年、「他者との出会い」というキーワードを多用しました。2023年もまた、「他者との出会い」があります。2022年と2023年の違いは、その「入り込む深さ」です。人間は、他者と関わることによって、変容します。2023年はこの「変容」に軸足が置かれるのです。

たとえば、パートナーを得れば暮らし方が少なからず変わります。日々のルーティンが変わり、時間の使い方が変わり、考え方やものの感じ方、見た目や話し方まで一変する人もいます。2022年に誰かに出会い、2023年の中でその人との関わりを重ねながら、どんど

ん変化していくことになるのかもしれません。あるいは、2023年に入ってから新たな出会いを得て、そこから一気に深くコミットし、お互いの境界線が曖昧になり、変容が進む可能性もあります。

　他者との関わりによる「変容」は、自覚できるものとそうでないものとがあります。人間はほぼ無意識に、他者の行動を「コピー」しながら生きています。特に好きでもないCMソングが口をついて出てきたり、嫌悪感さえ抱いていた流行り言葉がうっかり自分の口から飛び出したりする時、私たちは自分でもびっくりして首をひねり、苦笑します。いつのまに覚えたのか自分でもわからない膨大な知識が、私たちの社会生活を可能にしています。それらは教科書やマニュアルから学んだものではなく、「メディアや誰かの様子を見て、そのまま真似る」ことで吸収しているのです。身近な人との関わりにおいては、さらに微妙な、深いものまで吸収し、自分のものにすることになります。さらに「コピー」ではなく「鏡」のようになったり、反発したり、互いのデコボコが噛み合うように変わったりすることもあります。人間と人間が関わると、本人が望む

と望まないにかかわらず、そうした変化が「起こってしまう」のです。

　自分以外の誰かが、関わっている人々の影響を受けて変化する様子は、とてもよくわかります。話し方や様子がガラッと変わった人がいて、話を聞くと「恋人ができた」「サークルに参加した」など、新しい人間関係ができたと語られることがあります。ティーンエイジャーは特に、仲間同士で同じようなファッションをしたがる傾向がありますが、大人になってもそういうことはあり得ます。世の中の流行だけでなく、オフィスの雰囲気、ママ友のスタイルなど、「関わる人々」の姿を無意識に視野に捉えては、私たちの選択は少なからず変わるのです。2023年の変容や目立つ出来事の多くは、他者の側から押し寄せてきます。人から影響され、何かを手渡され、導かれ、誘われて、その世界の中に深く入り込み、自分の中に受け取って咀嚼して、そこから新しいものが起ち上がってきます。
　とはいえこれは、自分の個性が潰されるとか、自分の個性を捨てたほうが良いということではもちろん、あ

りません。もしかすると、他者との関わりを通して、変容を拒否し、反発し、反発することで「これこそが自分だ！」というものを発見する人もいるでしょう。大人になってからも「反抗期」というものが訪れうるとしたら、それこそが2023年なのかもしれません。反抗期というものが、従わせようとするものをはねのけて自我を生きようとする試みなのだとすれば、2023年に外部から押し寄せるものを「イヤだ！」と拒否することによって、「自己」を新しく生き直そうとする人もいるのではないかという気がします。

❄ 友情へと開かれる心

　2023年は「友に恵まれる年」でもあります。

　特に6月から10月上旬、素敵な人々に出会い、未来への新しい希望をシェアできそうです。既にいる仲間や友達との関係も、愛に溢れ、あたたかくなります。

　2020年頃から、何かを「好き！」という気持ちをどこか、抑制したり、制限したりしてきた人もいるはずです。人に対しても、なんとなく距離を取りがちになったり、「こちらから連絡するのは、迷惑ではないか」

などと考えてしまったりしたかもしれません。自分の中には好意があるけれど、相手には受け取ってもらえないかもしれない。そんな警戒感で自分を縛ってきた人には、この初夏から秋にかけては「縛りを解く」時間となるでしょう。「思い切って連絡してみよう、きっと受け入れてくれるに違いない」という楽観的勇気が湧いてくるのです。人に対しても、他のことに対しても、「もっと好きでいていいのだ！」という思いが湧き上がってくるのが2023年です。

　前述の「他者と関わることで、自分が変容する」現象について、仲間や友達から前向きなフィードバックも得られるでしょう。自分が望ましい方向に変わっているのか、それとも、自覚せぬままに不幸な方向に変化してしまっているのか。それがよくわからなくなっても、2023年は友達や仲間がきっと、愛を持って見守ってくれています。もし無意識に脱線していたら、それをきちんと教えてもらえるはずです。

❋「体験学習」から「本業」へ

　2021年から2022年に取り組んで、とてもうまくいった活動はあったでしょうか。新たに任された仕事や、自分から買って出た役割の中に、「これは面白い！」と思えたものがあったかもしれません。2023年からはその活動が、本格的にあなたの「義務」になり始めます。言わば、2021年から2022年の「体験学習」が、本格的な「職業」「本業」になる、といったプロセスが生じるのです。

　「体験学習」の段階では「面白い！楽しい！」だけだったことも、本格的にその世界に入れば、大変なこと、ややこしいこと、面倒くさいことがたくさん見えてきます。休みの日に楽しみで料理をするのと、毎日の炊事担当を引き受けるのでは、全くワケが違うのです。本気で担おうとすれば、重みを感じざるを得ません。もちろん、だからといって「面白さ」がなくなってしまうわけではありません。むしろ、きつい部分を引き受ければ引き受けるほど、「面白さ」のスケールも大きくなります。

「体験学習」から「本業」へ、というのはもちろん、比喩です。2023年から、天秤座の人々は、ある種の義務や役割を「本格的に引き受け始める」ことになる、という意味です。これは、外部から押しつけられてそうなるのではなく、動機はちゃんとあなたの胸の中にあります。一緒に活動している人を見て「この人をサポートしたい」という思いが湧いてくるのかもしれません。「この現場には自分のような動きをする人間が必要だ」と痛感するのかもしれません。あるいは社会的な問題意識や職業的な倫理観などが、その動機となるのかもしれません。いずれの動機も、あなたの胸から他者の方向へと向かうベクトルです。2023年の「新しい役割」への思いは、自己実現や自分の利益の追求などとは、少し違っているのです。誰かのために、世の中のために、世界のために、何かを引き受けたい。その思いが、2023年からのあなたの「新しい役割」の柱となります。

仕事・目標への挑戦／知的活動
　「新しい仕事」が始まる年です。あるいは、2021年

頃から既に取り組んでいる仕事が、ぐんと重みを増すのかもしれません。昇進や抜擢、独立など、「おめでとうございます！」と言われるような展開も起こりやすい年です。どれも、立場が「重み」を増します。

　引き受けている責任の重み、取り組んでいる内容の重み、学ぶべき課題の重み、タスクの量の重み。そうした「重み」があなたにとってどんな影響をもたらすのか、そのことを冷静に注視する必要があります。たとえば、トレーニングなどではある程度の負荷をかけなければ、成長は望めません。ですが、負荷が重すぎれば、力がつくどころか、心身のコンディションを崩して潰れてしまいます。自分を鍛えることができる「重み」なのか、それとも自分が潰れかねない不適切な「重み」なのか。人間は、自分に起こっている出来事を、なかなか客観的に把握できません。リアルタイムでは「このタスクや負担の合理性を理解し、心から納得している！」と感じていても、後になってみて「あれは、思い込みだった、どうかしていた」「ちょっと洗脳されていたのかも、引き受けるべきではなかった」などと振

り返らざるを得ない場合もあるものです。

　「今の自分にかかっている負荷は、果たして適切なのか？」と迷ったら、その場に所属していない「第三者」の意見を求めることがとても役に立ちます。天秤座の2023年はあらゆる意味で「人に恵まれる」時間だからです。

　2023年は「修行」や「訓練」がスタートするタイミングでもあります。自分自身を鍛えたい、強くしたいという思いが強まり、日々のルーティンを根本的に構築し直す人もいるでしょう。

　普段ワーカホリックになりがちな人は、この時期「自己過信」のワナから脱却し、適切な仕事のルーティンを作り直せるはずです。自分の体力、癖、弱さや欠点を把握し、それをカバーするような働き方をすることで、長期的に見てパフォーマンスが最大になり、長くいい走りを続けられるようになります。自分自身のケアをすることは仕事のうちです。また、自分自身のケアを大切にするという体験によって、他者のケアへの考え方が変わります。これは、順序が逆になる場合も

あります。他者のケアに取り組む体験が、自分自身の
ケアへの啓発になるのです。自分を大切にすることは、
仕事を大切にすること、人を大切にすることに繋がり
ます。2023年から2年強は、特にそうした意識が強ま
る時間となっています。

⟨ 人間関係 ⟩

2023年はとにかく人間関係がゆたかになる時間です。
公私ともに素晴らしい出会い、関わりが生まれるでし
ょう。人と踏み込み合い、頼り合い、助け合って生き
る意識を共有できます。「相方」と呼べるような存在を
得て、人生が一変する人もいるでしょう。「出会いが人
生を変える」とはよく言われることですが、2023年は
まさに、そんな変化が起こりやすい時間です。

普段、人と自分を比較しがちな人は、その愚かさに
気づかされるかもしれません。比較して優劣を競うよ
うなことよりも、もっと望ましい「他者の捉え方」が
あることがわかるでしょう。「自分に自信があれば、他
人の優れた姿を見ても、平気でいられるはず」と考え

る人は少なくありません。でも、本当はそうでもない
のかもしれません。自分自身への期待を常に意識の中
心に置く、ということをどこかで手放せれば、優れた
他者を見ても、それほど動揺しなくて済むのではない
かと思うのです。「花を見るときは、花になる」。たと
えばそんな考え方が、2023年には役に立つかもしれま
せん。他者に交わる時、一種の「忘我」が起こり、自
分自身という意識から少しだけ離れることで、「優劣」
の呪いから解放される人もいるだろうと思います。そ
の時、自分自身の姿もまた、かつてとは違って見えて
くるかもしれません。

{ お金・経済活動 }

　5月以降、一気に経済活動に勢いが出てきます。特
に、他者との関わりの中で「お金が勢いよく回り始め
る」かもしれません。ローンを組んだり、融資を受け
たりして、これまでよりも大きな経済活動ができます。
自分の経済活動に必要なリソースを、他者から提供し
てもらえることもあるでしょう。たとえば「親戚の持
っている古い空き家を格安で貸してもらって、新しい

ビジネスを始める」といった展開が起こりやすい時なのです。こうした展開が「突然起こる」のも、この時期の特徴です。突然もたらされる提案、ギフト、道具、ポジションなどが、あなたを新しい経済的立場へと導く可能性があるのです。

❧ 健康・生活 ❧

　健康や生活に関して、問題意識が高まります。「こんな生活習慣で大丈夫だろうか？」「最近調子が悪いのは、暮らしの中で無理をしているからだろうか」「食習慣や運動の習慣などを見直したい」。そんな思いが湧き上がってくるのが、この2023年です。加齢による不調、生活習慣から来る不調などは、自分でもなかなか受け入れにくいものです。でも、2023年は自分の心身の「現実的な状態」にしっかり目を向ける勇気が湧く時です。

　自分自身のコンディションに対する問題意識が高まるのは、「誰かのため」なのかもしれません。パートナーのため、子供のため、同僚のため、その他「大切な人のため」に、もっと元気でいたい、長く健康でいなければ、という思いが強まるのかもしれません。

◉ 2023年の流星群 ◉

「流れ星」は、星占い的にはあまり重視されません。古来、流星は「天候の一部」と考えられたからです。とはいえ流れ星を見ると、何かドキドキしますね。私は、流れ星は「星のお守り」のようなものだと感じています。2023年、見やすそうな流星群をご紹介します。

4月22・23日頃／4月こと座流星群

例年、流星の数はそれほど多くはありませんが、2023年は月明かりがなく、好条件です。

8月13日頃／ペルセウス座流星群

7月半ばから8月下旬まで楽しめます。三大流星群の一つで、条件がよければ1時間あたり数十個見られることも。8月13日頃の極大期は月明かりがなく、土星や木星が昇る姿も楽しめます。

10月21日頃／オリオン座流星群

真夜中過ぎ、月が沈みます。土星、木星の競演も。

12月14日頃／ふたご座流星群

三大流星群の一つで、多ければ1時間あたり100個程度もの流れ星が見られます。2023年の極大期は月明かりがなく、こちらも好条件です。

HOSHIORI

天秤座 2023年の愛

年間恋愛占い

♥ 進展する愛

　2023年の天秤座の愛は「進展」の一言に尽きます。これまで閉じられていたところが開かれ、冷えていたところに熱が入るのです。愛の世界に置かれていた大きな、氷のように冷たい岩が、2023年3月までに全て溶けてなくなります。そしてかわりに、マグマのように熱い愛の脈動が少しずつ強まり始めます。「冷たいものが去って、熱いものが流入する」のが、2023年の天秤座の愛の世界です。愛について疑念や拒否感を抱いていた人は、そうした「冷たい思い」を手放すことができるでしょう。「長らくトキメキや情熱など感じたことがない」という人も、2023年は突然、胸が高鳴るようなシーンに立つことになるかもしれません。

　さらに、2022年半ばから天秤座の人々は「パートナーシップの時間」の中にあり、これが2023年5月半ばまで続いていきます。この時期にパートナーを得る人もいれば、既にいるパートナーとの関係が好転・進展する人も多いはずです。

{ パートナーを探している人・結婚を望んでいる人 }

　2022年に引き続き、とても有望な年です。特に5月までの時間は、星の強い後押しが感じられるタイミングと言えます。人からの紹介やマッチングサービス、意中の人への告白など、ある種「正攻法」が功を奏するかもしれません。6月から10月上旬は人々の集まりやネットワークに参加することでチャンスを掴みやすそうです。交友関係を広げると、自然に愛の芽を見つけられるでしょう。

　2020年頃から愛について深い警戒心を抱いたり、愛に背を向けたりしてきた人もいるかもしれません。また、愛の世界でことさらにキラキラしたものやスイートなものを否定していた人もいるのではないかと思います。「愛にトキメキを求めるのは非現実的だ。パートナーに求めるのは、もっと現実的な条件でないと」といった態度を取ってきたなら、2023年はそうしたある種の硬質さが「解除」される可能性があります。心のストッパーがふわりと外されて、あたたかく明るい愛の光が射し込むのです。あるいは一転して、愛の「激情」に身を委ねる人もいるかもしれません。人が人を

求める純粋な、コントロール不能な強い衝動の感覚を
「取り戻す」ことができる年です。

｛ パートナーシップについて ｝

　2023年5月まではズバリ「パートナーシップの時間」
です。ゆえに、パートナーとの関係はこの時期、素晴
らしい進展を見せるでしょう。特に、2020年頃から
「あまりベタベタしてはいけない」「甘えてはいけない」
など、パートナーへの愛の感情を抑制してきた人は、
2023年3月を境に、そのストッパーが外れるかもしれ
ません。素直な愛情表現ができるようになったり、自
分でもびっくりするような愛の激情をパートナーにぶ
つけたくなったりするかもしれません。

　年の後半は、非常に官能的な時期となっています。
お互いに心から求め合い、ゆたかな時間を過ごせそう
です。長らくフィジカルな接触から遠ざかっていたカッ
ップルも、突然のきっかけを得てぽんと官能の世界に
立ち返る、といった現象が起こる可能性があります。よ
く知っているつもりの相手の中に、なにかしら非常に
新しいものを見出せるかもしれません。また、年の半

ば以降、パートナーの経済状態がぐっと上向きになります。その結果、互いの心に余裕が出てきて、関係が著しく改善する、といった展開もあり得ます。

｛ 片思い中の人・愛の悩みを抱えている人 ｝

　片思い中の人は、「片思いのままでいる」ことが難しく感じられるでしょう。2023年前半は特に「パートナーが欲しい」という気持ちが強くなるからです。特に3月から5月前半くらいの中で、自分でも驚くほど大胆なアクションを起こし、愛の停滞状態を抜け出せそうです。片思い中の相手から視線を外し、別の人に目を向けてみようという気持ちも起こるかもしれません。

　愛の悩みの中にある人、特に2020年頃から悩みが深まっていた人は、2023年3月頃までにその悩みから解放されるでしょう。パートナーシップを、しっかり「立て直そう」という思いが強まります。お互いの関係を阻害しているものは何なのか、論理的に見つめ直すと同時に、「もっと愛の感情を活き活きと生きられる人生を作ろう」という意志のもとに動き出せます。愛の世界においてこれまで「義務」「責任」「倫理」などを注視

する一方で、エモーショナルな条件を見つめずに来た人ほど、2023年は自分の「愛の感情」を肯定的に扱えるようになるはずです。

｛ 家族・子育てについて ｝

これまで家族に「縛られる」ような状態にあった人は、2023年が「脱出開始」の年です。束縛や支配関係、感情の鎖でがんじがらめになるような状態だった人ほど、2023年は「解放元年」となるでしょう。

子育てに関しては2020年頃から慢性的な悩みを抱えていた人が少なくないかもしれません。その悩みから2023年3月頃までに「卒業」できそうです。背負わなくてもいいものを手放し、本当に大切なものだけを引き受ける、という新たな切り分けが叶うようです。

｛ 2023年　愛のターニングポイント ｝

3月が大きな転機となります。3月を節目に愛の全ての状況が一変する人も少なくないでしょう。1月、4月、11月から12月頭も強い追い風が吹きます。

HOSHIORI

天秤座　2023年の薬箱

もしも悩みを抱えたら

❖ 2023年の薬箱 〜もしも悩みを抱えたら〜

　誰でも日々の生活の中で、迷いや悩みを抱くことがあります。2023年のあなたがもし、悩みに出会ったなら、その悩みの方向性や出口がどのあたりにあるのか、そのヒントをいくつか、考えてみたいと思います。

◆ 自分自身を「ケアする」意識

　健康についての不安が強まるかもしれません。加齢による体力の衰えを感じたり、体質が変わったり、疲れやすくなったりするかもしれません。また、以前から日々無理を重ね、疲れを溜めがちだった人は、大きく体調を崩す可能性もある時です。責任感が強く、自己犠牲の精神を持っている人ほど、自分の中に蓄積されたものが症状やトラブルとして表出しやすいのです。自分自身をケアすること、自分の辛さや抱えている問題、考えていることなどを身近な人に伝えることが、この時期はとても大切です。たとえば、正しいと思って続けてきた健康法が実は間違っていた時、それを認めてすぐさまやめるのが適切な反応ですが、中には「自

分が間違っていた」ということを認めたくないあまり、その健康法を続けてしまう、というケースがあります。このような「正しさ」へのこだわりが結果的に、現実的には誤ったことへの執着へと繋がってしまうと、問題はどんどん大きくなります。この時期、悩みを抱えたら、心理的抵抗を超えて、変更すべき点はないか検証してみるのも一案です。悩んだ時、困った時、親身にアドバイスをくれる身近な人を大切に。

◆熱い議論も、3月まで

　2022年8月末頃から、議論や論争に巻き込まれて疲れ気味になっている人もいるかもしれません。3月末にはこの熱いコミュニケーションも一段落します。議論に勝利することよりも、本気でぶつかった後にゆたかな人間関係が結ばれることこそが、最も大きな収穫となります。遠くから飛んでくる「石つぶて」的なものに悩んでいる人も、3月末には収束するはずです。

2023年のプチ占い（牡羊座〜乙女座）

牡羊座 (3/21-4/20生まれ)

年の前半は「約12年に一度のターニングポイント」のまっただ中。新しい世界に飛び込んでいく人、大チャレンジをする人も。6月から10月上旬は「愛の時間」に突入する。フレッシュで楽しい年に。

牡牛座 (4/21-5/21生まれ)

仕事や社会的立場にまつわる重圧から解放された後、「約12年に一度のターニングポイント」に入る。何でもありの、自由な1年になりそう。家族愛に恵まれる。「居場所」が美しくゆたかになる年。

双子座 (5/22-6/22生まれ)

2022年8月からの「勝負」は3月まで続く。未来へのチケットを手に入れるための熱い闘い。仲間に恵まれる。さらに2026年にかけて社会的に「高い山に登る」プロセスに入る。千里の道も一歩から。

蟹座 (6/23-7/23生まれ)

5月までは「大活躍の時間」が続く。社会的立場が大きく変わる人、「ブレイク」を果たす人も。年の後半は交友関係が膨らみ、行動範囲が広がる。未来への新たなビジョン。経済的に嬉しい追い風が吹く。

獅子座 (7/24-8/23生まれ)

年の前半は「冒険と学びの時間」の中にある。未知の世界に旅する人、集中的に学ぶ人も。6月から10月上旬まで「キラキラの愛と楽しみの時間」へ。嬉しいことがたくさん起こりそう。人に恵まれる。

乙女座 (8/24-9/23生まれ)

年の前半は「大切な人のために勝負する」時間となる。挑戦の後、素晴らしい戦利品を手にできる。年の後半は未知の世界に飛び出していくことになりそう。旅行、長期の移動、新しい学びの季節へ。

（※天秤座〜魚座は P96）

HOSHIORI

天秤座 2023年 毎月の星模様

月間占い

◆星座と天体の記号

「毎月の星模様」では、簡単なホロスコープの図を掲載していますが、各種の記号の意味は、以下の通りです。基本的に西洋占星術で用いる一般的な記号をそのまま用いていますが、新月と満月は、本書オリジナルの表記です（一般的な表記では、月は白い三日月で示し、新月や満月を特別な記号で示すことはありません）。

♈:牡羊座	♉:牡牛座	♊:双子座
♋:蟹座	♌:獅子座	♍:乙女座
♎:天秤座	♏:蠍座	♐:射手座
♑:山羊座	♒:水瓶座	♓:魚座
⊙:太陽	●:新月	○:満月
☿:水星	♀:金星	♂:火星
♃:木星	♄:土星	♅:天王星
♆:海王星	♇:冥王星	
℞:逆行	Ð:順行	

◆月間占いのマーク

　また、「毎月の星模様」には、6種類のマークを添えてあります。マークの個数は「強度・ハデさ・動きの振り幅の大きさ」などのイメージを表現しています。マークの示す意味合いは、以下の通りです。

　マークが少ないと「運が悪い」ということではありません。言わば「追い風の風速計」のようなイメージで捉えて頂ければと思います。

★　特別なこと、大事なこと、全般的なこと

✊　情熱、エネルギー、闘い、挑戦にまつわること

🏠　家族、居場所、身近な人との関係にまつわること

💴　経済的なこと、物質的なこと、ビジネスにおける利益

✏️　仕事、勉強、日々のタスク、忙しさなど

♥　恋愛、好きなこと、楽しいこと、趣味など

MONTHLY
HOROSCOPE

1

JANUARY

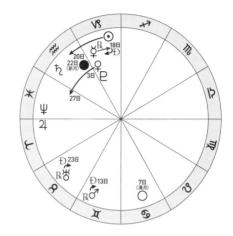

◆楽しく活躍できる年明け。

とても楽しい時です。好きなことに取り組み、確かな成果を出せるでしょう。趣味や遊びなども盛り上がりそうですし、クリエイティブな活動をしている人には、大きなチャンスが巡ってきます。才能を活かす場に恵まれ、その才能を目上の人に「見出(みいだ)される」ような展開もあるかもしれません。

◆身近な人のための時間。

家族や身近な人のために、普段以上に力を注ぐことになりそうです。立ち止まって話を聞いたり、普段の習慣を振り返ったりと「いつものこと」の中に潜む問題を探り出して、それを解決していけます。「長らく帰っていなかった故郷に、久しぶりに帰

34

る」という人も少なくないでしょう。帰った先に、素晴らしい宝物を発掘するような作業が待っています。

◆意外な「果実」を手にできる。

7日前後、仕事や対外的な活動の場で、大きな成果を挙げられそうです。意外な報酬がもたらされる気配も。

♥愛が大樹のように育つ時。

絶好調の季節です。既に「パートナーシップの季節」に入っていますが、そこに加えて愛と情熱の雄大な追い風が吹いてくるのです。愛を探している人は、この時期少しでもアクションを起こせば、きっと結果が出るでしょう。ただ、タイミングだけは想定通りにいかない可能性も。少しタイムラグを経て、希望通りかそれ以上の愛のドラマが展開しそうです。カップルも愛と情熱に溢れる素晴らしい時間を過ごせます。特に過去2〜3年の中で愛について辛い思いをした人ほど、この時期はその苦労が報われ、愛が大樹のように育ちます。

》》》1月 全体の星模様《

年末から逆行中の水星が、18日に順行に戻ります。月の上旬から半ば過ぎまでは、物事の展開がスローペースになりそうです。一方、10月末から双子座で逆行していた火星は、13日に順行に転じます。この間モタモタと混乱していた「勝負」は、13日を境に前進し始めるでしょう。この「勝負」は去年8月末からのプロセスですが、3月に向けて一気にラストスパートに入ります。

2

FEBRUARY

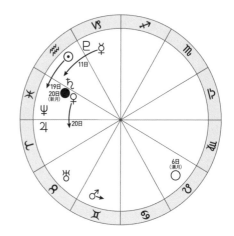

◆**独自のアイデアが受け入れられる。**

アイデアを打ち出しやすい時です。特に、長い時間をかけて独自のアイデアを練ってきた人は、ついに「お披露目」できる段階に辿り着けそうです。ストレートに意見を表明できますし、周囲は非常に肯定的に、前向きにそれを受け取ってくれるでしょう。実力や才能を活かす場に恵まれます。

◆**自分に優しくすることで、好調に。**

心身のコンディションが良くなります。生活のリズムが整い、様々な不調が解消しそうです。自分の身体に合った健康法や生活習慣を導入できる時です。ストイックに自分を縛るのではなく、より心地良い、リラックスできる方法を模索することで状

況が改善します。自分に優しくしたい時です。

◆「人間関係」にスイッチが入る下旬。 ★彡★★彡

月の下旬に入ると、人間関係が一気に動き出します。2023年前半は人間関係全体が大きく盛り上がる時ですが、この下旬以降、関わりの輪に自分から飛び込んでいく、という流れが起こります。あるいは逆に、誰かがあなたの懐に飛び込んできてくれるかもしれません。出会いと関わりを大切に。

♥「大切にする」とはどうすることか。 ♥ ♥

愛する人を「大切にする」ということの意味を、捉え直せる時です。相手が今どんな状況にあり、何を必要としているのか、そのことを愛を持って深く考え、行動を起こせるのです。普段とは違うケアをすることで、相手との関係が大きく変わる可能性も。愛を探している人は、上旬から中旬は普段の生活の中での「助け合い」から愛が生まれる気配が。下旬になると、紹介など正面からの「出会い」がありそうです。

≫≫ 2月 全体の星模様 ≪

金星が魚座、水星が水瓶座を運行します。両方とも「機嫌のいい」配置で、愛やコミュニケーションがストレートに進展しそうです。6日の獅子座の満月は天王星とスクエア、破壊力抜群です。変わりそうもないものが一気に変わる時です。20日は魚座で新月が起こり、同日金星が牡羊座に移動し、木星と同座します。2023年前半のメインテーマに、明るいスイッチが入ります。

3

MARCH

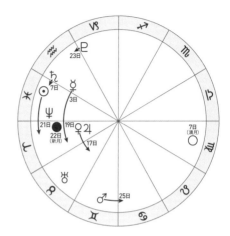

◆**普段よりもゆるやかな関わり。** 🖤 🖤

人間関係が大いに盛り上がります。公私ともに「特別な人」に会えそうです。普段、あなたが人間関係において守っている「自分ルール」や距離感などを、この時期は守れなくなるかもしれません。「少しゆるすぎるかな」と不安になるかもしれませんが、月の半ば以降には軌道修正できそうです。

◆**月の半ばを境に調子が変わる。** 💴 💴

月の前半に少々調子が不安定だった人も、17日を境に安定しそうです。心身のコンディションが上向きになり、経済的にもいい流れを感じられるでしょう。「人に振り回される」状況にあった人も、月の下旬になればイニシアチブを執れます。

◎好きなこと、やりたいことへの自信回復。

2020年頃から自分の才能や個性に自信が持てなかった人は、自信を取り戻せそうです。好きなことをする勇気、自分の心に適うものを選ぶ勇気が湧いてくるでしょう。クリエイティブな活動をしている人は、このあたりでスランプを脱出できるかもしれません。孤独感が薄まり、かつての情熱を取り戻せそうです。人からのあたたかな評価がきっかけで、自分の取り組みに肯定的な思いを抱けるようになるのかもしれません。

♥愛の世界に立ち返れる、トンネルの出口。　　　♥ ♥ ♥

愛することへの怯えや不安、不信感などが消えていきます。恋人への疑いに苦しんでいた人や、愛自体を否定的に捉えていた人も、この3月を境に孤独のトンネルを抜け出せるでしょう。さらに今月から2043年頃までの長い時間をかけて、「愛によって生まれ変わる」ような体験をする人も少なくないはずです。愛の世界に戻れる節目です。

≫ 3月 全体の星模様 ≪

今年の中で最も重要な転換点です。土星が水瓶座から魚座へ、冥王星が山羊座から水瓶座へと移動します。冥王星は6月に一旦山羊座に戻りますが、今月が「終わりの始まり」です。多くの人が長期的なテーマの転換を経験するでしょう。去年8月下旬から双子座に滞在していた火星も冥王星の翌々日25日に蟹座に抜けます。この月末は、熱い時代の節目となりそうです。

4

APRIL

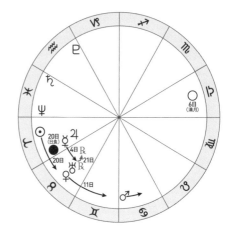

◆**手を携えて闘える時。**

仕事や対外的な活動において「勝負」をかける時です。大きな
ミッションに取り組んだり、独立や転職に向けてアクションを
起こしたりする人が少なくないでしょう。この時期は特に、誰
かとタッグを組んで勝負することになるかもしれません。同じ
目標に向かって協力できる「他者」に恵まれます。

◆**関わりを「結ぶ」もの。**

6日前後、あなたの努力が報われる形で、誰かとの関係が大き
く進展しそうです。このタイミングで非常に重要な契約や約束
を交わす人もいそうです。また、ここで約束を果たしてもらえ
たり、逆に、あなたが約束を果たすことになったりするのかも

しれません。長期的に重要な関係が結ばれます。

◈自分の思いだけでする選択。

20日前後、夢中になれるものと突然、出会えるかもしれません。あるいは、自分から何か重要なものを「選択する」ことになる可能性もあります。周辺的な制約とは関係なく、自分の思いだけで「これだ！」と決定するような節目です。

♥2023年の愛の「クライマックス」。 ♥ ♥ ♥

2023年前半の「パートナーシップの季節」が、ここでクライマックスを迎えます。カップルは二人で熱く、真剣な時間を過ごせるでしょう。愛を探している人も、能動的に動いてストレートな結果を出せる時です。愛について望んでいることがある人は、その望みに対して率直に、まっすぐに行動を起こすと、意外にすんなり望みが叶いそうです。さらに20日前後、あなたがまだ愛の世界で経験したことのないことが始まるかもしれません。強い情熱が心を揺さぶります。

》4月 全体の星模様 《

昨年8月下旬から火星が位置した双子座に11日、金星が入ります。さらに水星は21日からの逆行に向けて減速しており、「去年後半から3月までガンガン勝負していたテーマに、ふんわりとおだやかな時間がやってくる」ことになりそうです。半年以上の激闘を労うような、優しい時間です。20日、木星が位置する牡羊座で日食が起こります。特別なスタートラインです。

MONTHLY
HOROSCOPE

5

MAY

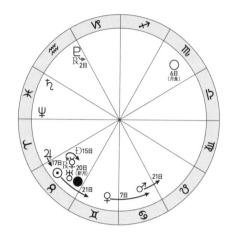

◆一緒に闘うことの威力。 👊👊👊

引き続き熱い多忙期です。特に21日まではガンガン勝負して結果を出せそうです。これまで誰かとタッグを組んできた人は、このタイミングでその「真価」を実感できるでしょう。協力して闘うことの威力が最大化します。下旬はリラックスして活躍できます。チャンスが目白押しです。

◆17日以降「ギフトの時間」へ。 💴💴

経済活動において、先月末から少々混乱が生じているかもしれません。15日までにはその混乱も収束し、さらに17日からは一転して一気に、お金やモノのやりとり、ビジネスなどが活性化していくでしょう。ここから2024年5月にかけて「ギフトの季

節」の到来です。人から提供されるもの、提案されるものが増えていきます。「自分では力不足かな」と思えても、勇気を出して話に乗ってみるのも一案です。

◆不公平の是正。

人に預けていたものを取り戻せます。また、誰かとの分担・負担に不公平感があったなら、それを是正できそうです。

♥ともに闘える相手との絆。

17日まで「パートナーシップの時間」が続いています。カップルは二人で過ごす時間の密度が非常に濃くなります。特にこの時期は「共闘・助け合い」の流れができていて、お互いがいるからこそ闘える、という思いを新たにできるでしょう。愛を探している人は、普段一緒に活動している相手、お互いの努力する姿を知り理解し合えている相手との間に、愛が生まれるかもしれません。愛は「プライベートなもの」ですが、ここでは「外で闘う姿」がカギになるようです。

》 5月 全体の星模様 《

3月に次いで、節目感の強い月です。まず6日、蠍座で月食が起こります。天王星と180度、この日の前後にかなりインパクトの強い変化が起こるかもしれません。15日に逆行中の水星が順行へ、17日に木星が牡羊座から牡牛座に移動します。これも非常に強い「節目」の動きです。約1年の流れがパッと変わります。21日、火星と太陽が星座を移動し、全体にスピード感が増します。

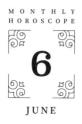

MONTHLY
HOROSCOPE

6

JUNE

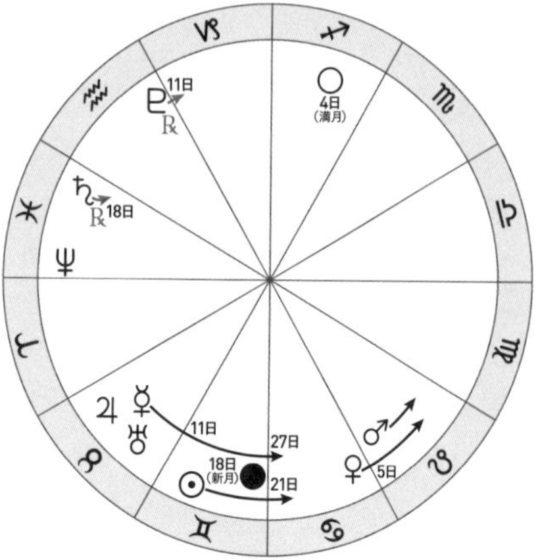

◈肩の力が抜けて、仲間に恵まれる。

3月末頃からの「勝負」の時間が一段落し、肩の力が抜けます。リラックスして視野を広げ、のびやかに活動できそうです。また、この時期はあたたかな交友関係に包まれます。新しい人脈を得て行動範囲が広がりそうです。愛や好意を「受け取る力」が試されそうです。遠慮せず、オープンマインドで。

◈遠い場所にいる人々とのやりとり。

知的な交流に恵まれます。遠くにいる人とメッセージを送り合ったり、高度な知識や情報を得るべく遠方にコンタクトを取ったりと、距離を越えたやりとりが活発になりそうです。発信活動をしている人は強力な人脈を得て、活動のスケールが大きく

なるかもしれません。学ぶ姿勢が何よりの武器です。18日前後、特別なコミュニケーションが生まれる気配も。

◆意外な「御褒美（ごほうび）」を受け取る。

一人でコツコツ頑張ってきたことを、誰かが高く評価してくれます。誰かのためにしてきたことを、予想外の形で労（ねぎら）ってってもらえる気配も。「御褒美」を受け取れそうです。

♥ひろやかな場での出会い。 ♥ ♥

愛を探している人は、交友関係の広がりの中で出会いを見つけられそうです。一対一のマッチングのような形より、サークル活動やイベント、ボランティアへの参加など、よりオープンな場のほうが、愛を見つけやすそうです。いろいろな人がいる場で「横顔」を観察する機会が、愛への入り口に。カップルは将来や世の中の動向など広い視野に立って、熱い議論を重ねることになるかもしれません。お互いが抱えている不安や世界観を理解し合うことで、愛が深まりそうです。

≫ 6月 全体の星模様 ≪

火星と金星が獅子座に同座し、熱量が増します。特に3月末から蟹座にあった火星はくすぶっているような状態にあったので、6月に入ると雨が上がってからっと晴れ上がるような爽快さが感じられるかもしれません。牡牛座に入った木星は魚座の土星と60度を組み、長期的な物事を地に足をつけて考え、軌道に乗せるような流れが生まれます。全体に安定感のある月です。

MONTHLY
HOROSCOPE

7

JULY

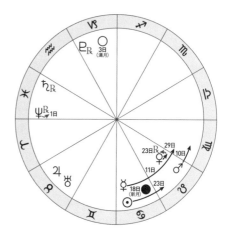

◆未来がクリアに見渡せる。　　　　　★彡★彡

5月末から交友関係におけるゴタゴタに悩んでいた人は、上旬を過ぎる頃にはトラブルが解決し、ホッとひと息つけるでしょう。さらに、ちゃんとぶつかり合った分、以前よりも風通しの良い、好意的な関係が生まれたことに気づかされるはずです。未来への見通しがとても明るく、クリアになります。

◆「臭い物に蓋」のフタを開ける。　　★彡★彡★彡

たとえば、掃除には「誰の目にも触れる場所をキレイにする作業」と「表からは見えない、隠れた場所を清潔にする作業」とがあります。今月中旬以降、後者の「隠れた場所を掃除する」ような作業に取り組むことになるかもしれません。見えない部

46

分には汚れが溜まりやすいものですし、決して進んでやりたいような作業ではない場合がほとんどです。ですがそれをすることで、自他にとって本当に居心地の良い環境を保てます。これはもちろん比喩で、生活の中の「隠れた問題」を解決することがこの時期のテーマとなるようです。日頃「臭い物に蓋」をしているそのフタを、まずは開けてみるところから取り組みが始まります。勇気を出して。

♥秋口までの、ひろやかな愛の追い風。　　　♥ ♥

引き続き、オープンな雰囲気の中で愛が進展しそうです。この「オープンな愛の追い風」は、10月上旬まで吹き続けます。愛を探している人は地道に交友関係を広げ、「まずは仲良くなる」ことからスタートするほうが、結果的に近道となるでしょう。カップルは「ともに目指せるものを見つける」時間となるかもしれません。ただ現状維持で「まったり」するよりも、二人で「何かに向かって動く」ことに意識が向かうようです。活き活きと動くことで、愛の生命力も活性化します。

≫ 7月 全体の星模様 ≪

10日に火星が獅子座から乙女座へ、11日に水星が蟹座から獅子座へ移動します。火星が抜けた獅子座に金星と水星が同座し、とても爽やかな雰囲気に包まれます。5月末から熱い勝負を挑んできたテーマが、一転してとても楽しく軽やかな展開を見せるでしょう。一方、乙女座入りした火星は土星、木星と「調停」の形を結びます。問題に正面から向き合い、解決できます。

MONTHLY HOROSCOPE

8

AUGUST

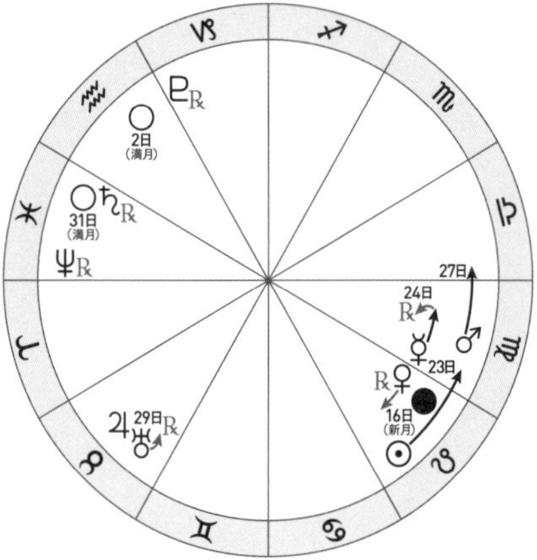

◈意外なボトルネックの解消。

「隠れた敵に打ち勝つ」時です。見て見ぬ振りをしてきたことや、長らく抱えてきた自分自身の問題、目の上のたんこぶのような存在に、正面から向き合って「克服」できるタイミングです。中には、意外なことが生活全体のボトルネックとなっていたことに気づき、それを解消する人もいるはずです。

◈懐かしい人に「確認」できること。

仲間や友達に恵まれる時です。特に、懐かしい友達、古くからの仲間がこの時期、とても近く感じられるかもしれません。自分からかつての友に連絡を取り、旧交を復活させる人もいるでしょう。未来に向かっていくために、是非とも過去の愛やあた

たかさ、好意に触れておきたい時なのです。かつての自分を知っている人と交流を持つことで、今の自分が望ましい成長を遂げているかどうか、確認できるかもしれません。

◆誰かが見つけてくれる道。
16日前後、誰かがあなたのために素晴らしい機会を作ってくれそうです。自分一人では見つけられなかった道が、誰かのサポートによって見つかるでしょう。「これは、自分だけでは決して選べなかったなあ」という選択もできそうです。

♥過去から芽生える愛。
愛を探している人は、過去の交友関係の中から愛の芽が出やすいかもしれません。ふと胸に浮かんだ顔があれば、コンタクトを取ってみるのも一案です。2日前後、「愛が満ちる・実る」ようなタイミングです。愛する人から価値あるものを受け取れそうです。また、ここでは普段かたくなになっている部分を解（ほぐ）され、開かれる感じもあります。やわらかな心で。

》 8月 全体の星模様 《

乙女座に火星と水星が同座し、忙しい雰囲気に包まれます。乙女座は実務的な星座で、この時期多くの人が「任務」にいつも以上に注力することになりそうです。一方、獅子座の金星は逆行しながら太陽と同座しています。怠けたりゆるんだりすることも、今はとても大事です。2日と31日に満月が起こりますが、特に31日の満月は土星と重なり、問題意識が強まりそうです。

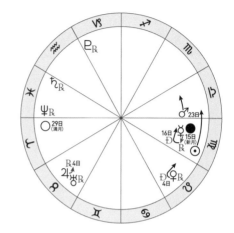

◆「自分らしさ」を超える勝負。　　　

熱い「勝負」の季節です。新たなチャレンジをする人、自分自
身と闘う人、誰かと熱く競い合う人もいるでしょう。この時期
の忙しさは外側から来るものではなく、自ら「立候補」するよ
うにして人を巻き込んでいくことで生じます。いつもの自分と
は少し違った選択をすることになるかもしれません。

◆過去をじっくり振り返る。　　　　　

引き続き「古い人間関係の復活・過去の振り返り」のプロセス
が続いています。後ろを振り返る時は当然、「前進」はできない
ので、自分が消極的になったように感じたり、世の中から置い
ていかれるように思えたりする人もいるかもしれません。でも、

前進する理由や動機はたいてい、過去の体験から起き上がってくるものです。過去の自分との対話によって、人生の意味や説得力を紡ぎ出すことができるのだと思います。月の前半の「一時停止」は、月の半ばを境に解除されます。また、慢性的な問題の整理、解消ができる時です。先月の「隠れた敵と闘って打ち勝つ」プロセスから、9月はその成果をしっかり「根づかせる」プロセスに移行します。たとえば、コンプレックスを克服した後、その変化を普段のキャラクターに「なじませる」ようなことができそうです。

♥お互いの間にあるカベを壊す、衝撃。

「勇気」がとても重要です。他人同士だった二人が親密な関係になるには、必ずどこかで両者の間の「カベ」を壊す作業が発生します。一瞬の衝撃によって関係性を変える試みがどうしても必要なのです。この時期はそうしたインパクトを、自ら打ち出す勇気が湧いてきます。月末、二人の関係を育てるための努力が大きく報われるでしょう。

》》9月 全体の星模様

月の前半、水星が乙女座で逆行します。物事の振り返りややり直しに見るべきものが多そうです。15日に乙女座で新月、翌16日に水星順行で、ここが「節目」になるでしょう。物事がスムーズな前進に転じます。8月に逆行していた金星も4日、順行に戻り、ゆるみがちだったことがだんだん好調になってきます。火星は天秤座で少し不器用に。怒りのコントロールが大切です。

10

OCTOBER

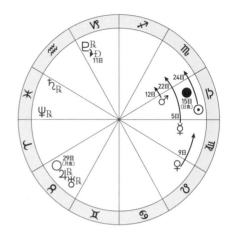

◆ 月の半ば、星の時間の節目。　　　　　　★彡★彡

12日まで熱い「勝負」の時間が続いています。周囲の人々のある種の膠着状態を打開するような力強い調整ができるかもしれません。12日以降は爽やかな忙しさに包まれます。発言力が増し、あなたの知性を頼る人が集まってくるでしょう。15日前後、特別なスタートを切ることになりそうです。

◆ 自他の間に生まれる、お金やモノの流れ。　　　💴💴💴

12日以降は一気に経済活動が活性化します。稼ぐほうも使うほうも振り幅が大きくなるでしょう。欲しいものを手に入れられます。収入アップのための挑戦は確実に結果が出るでしょう。特にこの時期は、人から受け取るものが多く、人と協力してや

る経済活動も増えそうです。他者の財を管理する役割を任され、そこで大きな利益を出す、といった展開になる可能性も。自分のお金と他者のお金が面白い形で結びつきます。

◈不得意分野での体験が、後で宝物に。

様々な動きのある時期ですが、妙に「思い通りにならない」かもしれません。得意分野よりは苦手な分野で動くことになったり、「アウェイ」の状況で動かざるを得なかったりと、居心地が悪い場面もありそうです。でも、それ自体は決して「悪いこと」ではなく、言わば「体験入学」のようなものです。この時期の体験、経験が、後々大いに役に立ちます。

♥普段触れ得ない領域に踏み込む。 ♥

愛する人といたわり合える時です。優しくすること、ケアすること、相手の心にコミットしようとすることが、この時期の大きなテーマです。表面的な、きれいな接触を超えて、特にウェットな領域に踏み込むことが必要になりそうです。

≫10月 全体の星模様≪

獅子座の金星が9日に乙女座へ、天秤座の火星が12日に蠍座へ、それぞれ移動します。月の上旬は前月の雰囲気に繋がっていますが、中旬に入る頃にはガラッと変わり、熱いチャレンジの雰囲気が強まるでしょう。15日、天秤座で日食が起こります。人間関係の大きな転換点です。月末には木星の近くで月食、2023年のテーマの「マイルストーン」的な出来事の気配が。

11

NOVEMBER

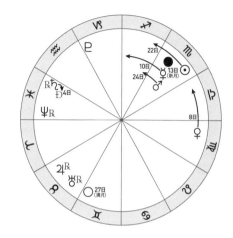

◆**愛と豊かさの「守り神」がやってくる。**

8日、天秤座の支配星である金星が帰還します。持ち味を出しやすい、とても楽しい日々となるでしょう。嬉しいお誘いが増えそうですし、意欲が湧いてきて、新しいことをどんどん始められそうです。このところくよくよしがちだった人も、気持ちがぐっと上向きになり、物事がうまく回り出します。

◆**お金や物を手に入れる力、使う力。**

先月からの「熱い経済活動」が24日頃まで続きます。今月は特にあなたの美意識やいろいろな欲が活性化するため、精力的に活動することになりそうです。天秤座の人々は、たった一つのアイテムを手に入れるためにあちこち歩き回って全ての可能性

を吟味するような人も少なくありませんが、この時期はそうした「熱い吟味・選択」のスイッチが入るようです。人から価値あるものを託されたり、受け継いだりすることになる人も。ものを使う力、扱う力を問われる時です。

◈ **メモを残すと、水掛け論を防げる。**

賑やかなコミュニケーションの季節です。ワイワイ楽しめる時ですが、打ち合わせや連絡などは混乱しやすい気配も。「言った・言わない」の言い合いにならないよう、メモなど記録を残すことが大切です。月末からは議論が始まりそうです。

♥ **キラキラの愛の季節。** ♥ ♥ ♥

素晴らしい愛の季節です。あなたの魅力に強いスポットライトが当たり、ほめられたり誘われたりと、嬉しいことがたくさん起こるでしょう。カップルは二人だけの愛の世界を存分に楽しめそうです。愛を探している人は、ファッションやヘアスタイルなどを刷新すると、新鮮なきっかけを掴めるかも。

》》 11月 全体の星模様 《

火星は24日まで蠍座に、金星は8日から天秤座に入ります。どちらも「自宅」の配置で、パワフルです。愛と情熱、人間関係と闘争に関して、大きな勢いが生まれるでしょう。他者との関わりが密度を増します。水星は10日から射手座に入りますが、ここでは少々浮き足立つ感じがあります。特に、コミュニケーションや交通に関して、「脱線」が生じやすいかもしれません。

MONTHLY
HOROSCOPE

12

DECEMBER

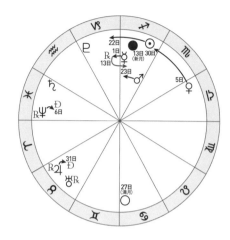

◆**知的活動の中で「受け取れるもの」。**

熱いコミュニケーションが生まれます。打ち合わせや相談事は話しているうちにどんどん熱を帯びそうです。激しい論戦や議論に参加し、アイデアや価値観を鍛え上げていく人もいるでしょう。また、精力的に勉強できる時でもあります。対話でも学びでも、「人から受け取れる知識・思い」が多い時です。

◆**心の動きと、お金の使い方と。**

経済活動が楽しくなります。買い物が楽しく感じられる人、貯金が貯まってきてウキウキする人、美味しいものを食べに行って楽しんだり、人にギフトを買うことで深い喜びを感じたりする人もいるでしょう。喜びの多い時なので、散財の傾向も。衝

56

動買いの機会も多いかもしれません。ただ、この時期の散財や衝動買いには、なんらかの深い意味も含まれているようです。たとえば、ストレスの解消や他の欠乏感の穴埋めのために不必要な買い物をする、という人は少なくありません。依存症になるのは問題ですが、あくまで一時的なイベントとしての「精神的散財」は、人生において誰にもあり得ることですし、効果もあり、リカバリもできるはずです。

◆原点回帰、ルーツを遡る。

「家や家族をかえりみる」時です。身近な人のためにじっくり時間をかけることになるかもしれません。久々に懐かしい故郷に帰る人もいそうです。ルーツを遡れる時です。

♥積極的にコミュニケーションを取る。

恋愛にも、熱いコミュニケーションが生じそうです。恋人と情熱的に語り合えそうです。愛を探している人は、クリスマスカードや年末年始のメッセージのやりとりがきっかけに。

》12月 全体の星模様《

火星は射手座に、金星は蠍座に、水星は山羊座に入ります。年末らしく忙しい雰囲気です。経済は沸騰気味、グローバルなテーマが注目されそうです。13日が転換点で射手座の新月、水星が逆行開始です。ここまで外へ外へと広がってきたものが、一転して内向きに展開し始める可能性も。27日、蟹座の満月は水星、木星と小三角を組み、今年1年の「まとめ」を照らし出します。

月と星で読む
天秤座 365日のカレンダー

◆月の巡りで読む、12種類の日。

　毎日の占いをする際、最も基本的な「時計の針」となるのが、月の動きです。「今日、月が何座にいるか」がわかれば、今日のあなたの生活の中で、どんなテーマにスポットライトが当たっているかがわかります（P.64からの「365日のカレンダー」に、毎日の月のテーマが書かれています。🌙マークは新月や満月など、◆マークは星の動きです）。

　本書では、月の位置による「その日のテーマ」を、右の表のように表しています。

　月は1ヵ月で12星座を一回りするので、一つの星座に2日半ほど滞在します。ゆえに、右の表の「○○の日」は、毎日変わるのではなく、2日半ほどで切り替わります。

　月が星座から星座へと移動するタイミングが、切り替えの時間です。この「切り替えの時間」はボイドタイムの終了時間と同じです。

1. **スタートの日**：物事が新しく始まる日。
「仕切り直し」ができる、フレッシュな雰囲気の日。

2. **お金の日**：経済面・物質面で動きが起こりそうな日。
自分の手で何かを創り出せるかも。

3. **メッセージの日**：素敵なコミュニケーションが生まれる。
外出、勉強、対話の日。待っていた返信が来る。

4. **家の日**：身近な人や家族との関わりが豊かになる。
家事や掃除など、家の中のことをしたくなるかも。

5. **愛の日**：恋愛他、愛全般に追い風が吹く日。
好きなことができる。自分の時間を作れる。

6. **メンテナンスの日**：体調を整えるために休む人も。
調整や修理、整理整頓、実務などに力がこもる。

7. **人に会う日**：文字通り「人に会う」日。
人間関係が活性化する。「提出」のような場面も。

8. **プレゼントの日**：素敵なギフトを受け取れそう。
他人のアクションにリアクションするような日。

9. **旅の日**：遠出することになるか、または、
遠くから人が訪ねてくるかも。専門的学び。

10. **達成の日**：仕事や勉強など、頑張ってきたことについて、
何らかの結果が出るような日。到達。

11. **友だちの日**：交友関係が広がる、賑やかな日。
目指している夢や目標に一歩近づけるかも。

12. **ひみつの日**：自分一人の時間を持てる日。
自分自身としっかり対話できる。

◆太陽と月と星々が巡る「ハウス」のしくみ。

　前ページの、月の動きによる日々のテーマは「ハウス」というしくみによって読み取れます。

　「ハウス」は、「世俗のハウス」とも呼ばれる、人生や生活の様々なイベントを読み取る手法です。12星座の一つ一つを「部屋」に見立て、そこに星が出入りすることで、その時間に起こる出来事の意義やなりゆきを読み取ろうとするものです。

　自分の星座が「第1ハウス」で、そこから反時計回りに12まで数字を入れてゆくと、ハウスの完成です。

第1ハウス：「自分」のハウス
第2ハウス：「生産」のハウス
第3ハウス：「コミュニケーション」のハウス
第4ハウス：「家」のハウス
第5ハウス：「愛」のハウス
第6ハウス：「任務」のハウス
第7ハウス：「他者」のハウス
第8ハウス：「ギフト」のハウス
第9ハウス：「旅」のハウス
第10ハウス：「目標と結果」のハウス
第11ハウス：「夢と友」のハウス
第12ハウス：「ひみつ」のハウス

例：天秤座の人の場合

自分の星座が
第1ハウス　　　反時計回り

たとえば、今日の月が射手座に位置していたとすると、この日は「第3ハウスに月がある」ということになります。

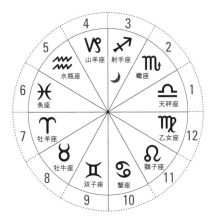

　前々ページの「〇〇の日」の前に打ってある数字は、実はハウスを意味しています。「第3ハウスに月がある」日は、「3. メッセージの日」です。

　太陽と月、水星から海王星までの惑星、そして準惑星の冥王星が、この12のハウスをそれぞれのスピードで移動していきます。「どの星がどのハウスにあるか」で、その時間のカラーやそのとき起こっていることの意味を、読み解くことができるのです。詳しくは『星読み＋2022〜2032年データ改訂版』（幻冬舎コミックス刊）、または『月で読むあしたの星占い』（すみれ書房刊）でどうぞ！

1 ·JANUARY·

1 日
人に会う日 ▶ プレゼントの日 　　　　　　　　　　　　　　［ボイド 〜02:10］
他者との関係に、さらに一歩踏み込めるように。

2 月
プレゼントの日
人から貴重なものを受け取れる。提案を受ける場面も。

3 火
プレゼントの日 ▶ 旅の日 　　　　　　　　　　　　　［ボイド 07:17〜11:46］
遠い場所との間に、橋が架かり始める。
◆金星が「愛」のハウスへ。華やかな愛の季節の始まり。創造的活動への強い追い風。

4 水
旅の日
遠出したり、遠くから人が訪ねてくれたりする日。発信力も増す。

5 木
旅の日 ▶ 達成の日 　　　　　　　　　　　　　　　　［ボイド 09:09〜23:16］
意欲が湧く。はっきりした成果が出る時間へ。

6 金
達成の日
目標に手が届く。結果が出る日。人から認められる場面も。

7 土
○達成の日
目標に手が届く。結果が出る日。人から認められる場面も。
☽「目標と結果」のハウスで満月。目標達成のとき。社会的立場が一段階上がるような節目。

8 日
達成の日 ▶ 友だちの日 　　　　　　　　　　　　　［ボイド 07:25〜11:42］
肩の力が抜け、伸びやかな気持ちになれる。

9 月
友だちの日
未来のプランを立てる。友だちと過ごせる。チームワーク。

10 火
友だちの日 　　　　　　　　　　　　　　　　　　　　［ボイド 10:54〜］
未来のプランを立てる。友だちと過ごせる。チームワーク。

11 水
友だちの日 ▶ ひみつの日 　　　　　　　　　　　　　［ボイド 〜00:17］
ざわめきから少し離れたくなる。自分の時間。

12 木
ひみつの日
一人の時間。過去を振り返り、戦略を練る。自分を大事にする。

13 金
ひみつの日 ▶ スタートの日 　　　　　　　　　　　　［ボイド 08:08〜11:58］
新しいことを始めやすい時間に切り替わる。
◆火星が「旅」のハウスで順行へ。冒険を再開できる。未知の世界へと積極的に舵を切れる。

14 土
スタートの日
主役の意識で動く。新しい選択肢を選べる。気持ちが切り替わる。

15 日
☽スタートの日 ▶ お金の日 　　　　　　　　　　　　［ボイド 17:41〜21:10］
物質面・経済活動が活性化する時間に入る。

16 月
お金の日
いわゆる「金運がいい」日。実入りが良く、いい買い物もできそう。

17 火　お金の日　　　　　　　　　　　　　　　　　　[ボイド 23:29〜]
いわゆる「金運がいい」日。実入りが良く、いい買い物もできそう。

18 水　お金の日 ▶ メッセージの日　　　　　　　　　[ボイド 〜02:35]
「動き」が出てくる。コミュニケーションの活性。
◆水星が「家」のハウスで順行へ。居場所での物事の流れがスムーズになる。家族の声。

19 木　メッセージの日　　　　　　　　　　　　　　　[ボイド 19:10〜]
待っていた朗報が届く。勉強が捗る。外に出たくなる日。

20 金　メッセージの日 ▶ 家の日　　　　　　　　　　[ボイド 〜04:13]
生活環境や身内に目が向かう。原点回帰。
◆太陽が「愛」のハウスへ。1年のサイクルの中で「愛・喜び・創造性」を再生するとき。

21 土　家の日
「普段の生活」が充実。身内との関係強化。環境改善ができる。

22 日　●家の日 ▶ 愛の日　　　　　　　　　　　　　[ボイド 00:54〜03:30]
愛の追い風が吹く。好きなことができる。
☽「愛」のハウスで新月。愛が「生まれる」ようなタイミング。大切なものと結びつく。

23 月　愛の日　　　　　　　　　　　　　　　　　　[ボイド 19:21〜]
愛について嬉しいことがある。子育て、趣味、創作にも追い風が。
◆天王星が「ギフト」のハウスで順行へ。人に期待せず、人の心を開く働きかけができる。

24 火　愛の日 ▶ メンテナンスの日　　　　　　　　　[ボイド 〜02:37]
「やりたいこと」から「やるべきこと」へのシフト。

25 水　メンテナンスの日
生活や心身の故障部分を修理できる。ケアしたり、されたり。

26 木　メンテナンスの日 ▶ 人に会う日　　　　　　　[ボイド 01:13〜03:50]
「自分の世界」から「外界」へ出るような節目。

27 金　人に会う日
人に会ったり、会う約束をしたりする日。出会いの気配も。
◆金星が「任務」のハウスへ。美しい生活スタイルの実現。美のための習慣。楽しい仕事。

28 土　人に会う日 ▶ プレゼントの日　　　　　　　　[ボイド 06:03〜08:44]
他者との関係に、さらに一歩踏み込めるように。

29 日　◑プレゼントの日
人から貴重なものを受け取れる。提案を受ける場面も。

30 月　プレゼントの日 ▶ 旅の日　　　　　　　　　　[ボイド 14:54〜17:36]
遠い場所との間に、橋が架かり始める。

31 火　旅の日
遠出したり、遠くから人が訪ねてくれたりする日。発信力も増す。

2 ・FEBRUARY・

1 水
旅の日 [ボイド 21:00〜]
遠出したり、遠くから人が訪ねてくれたりする日。発信力も増す。

2 木
旅の日 ▶ 達成の日 [ボイド 〜05:13]
意欲が湧く。はっきりした成果が出る時間へ。

3 金
達成の日
目標に手が届く。結果が出る日。人から認められる場面も。

4 土
達成の日 ▶ 友だちの日 [ボイド 15:21〜17:50]
肩の力が抜け、伸びやかな気持になれる。

5 日
友だちの日
未来のプランを立てる。友だちと過ごせる。チームワーク。

6 月
〇 友だちの日 [ボイド 23:17〜]
未来のプランを立てる。友だちと過ごせる。チームワーク。
☽「夢と友」のハウスで満月。希望してきた条件が整う。友や仲間への働きかけが「実る」。

7 火
友だちの日 ▶ ひみつの日 [ボイド 〜06:16]
ざわめきから少し離れたくなる。自分の時間。

8 水
ひみつの日
一人の時間。過去を振り返り、戦略を練る。自分を大事にする。

9 木
ひみつの日 ▶ スタートの日 [ボイド 15:42〜17:48]
新しいことを始めやすい時間に切り替わる。

10 金
スタートの日
主役の意識で動く。新しい選択肢を選べる。気持ちが切り替わる。

11 土
スタートの日
主役の意識で動く。新しい選択肢を選べる。気持ちが切り替わる。
◆水星が「愛」のハウスへ。愛に関する学び、教育。若々しい創造性、遊び。知的創造。

12 日
スタートの日 ▶ お金の日 [ボイド 01:43〜03:36]
物質面・経済活動が活性化する時間に入る。

13 月
お金の日
いわゆる「金運がいい」日。実入りが良く、いい買い物もできそう。

14 火
☾ お金の日 ▶ メッセージの日 [ボイド 08:54〜10:33]
「動き」が出てくる。コミュニケーションの活性。

15 水
メッセージの日
待っていた朗報が届く。勉強が捗る。外に出たくなる日。

16 木
メッセージの日 ▶ 家の日 [ボイド 10:07〜14:01]
生活環境や身内に目が向かう。原点回帰。

17 金
家の日
「普段の生活」が充実。身内との関係強化。環境改善ができる。

18 土 家の日 ▶ 愛の日　　　　　　　　　　　　　　　　　　　[ボイド 13:19〜14:36]
愛の追い風が吹く。好きなことができる。

19 日 愛の日
愛について嬉しいことがある。子育て、趣味、創作にも追い風が。
◆太陽が「任務」のハウスへ。1年のサイクルの中で「健康・任務・日常」を再構築するとき。

20 月 ●愛の日 ▶ メンテナンスの日　　　　　　　　　　　　　[ボイド 11:02〜13:58]
「やりたいこと」から「やるべきこと」へのシフト。
☽「任務」のハウスで新月。新しい生活習慣、新しい任務がスタートするとき。体調の調整。◆金星が「他者」のハウスへ。人間関係から得られる喜び。愛あるパートナーシップ。

21 火 メンテナンスの日
生活や心身の故障部分を修理できる。ケアしたり、されたり。

22 水 メンテナンスの日 ▶ 人に会う日　　　　　　　　　　　　[ボイド 13:07〜14:15]
「自分の世界」から「外界」へ出るような節目。

23 木 人に会う日
人に会ったり、会う約束をしたりする日。出会いの気配も。

24 金 人に会う日 ▶ プレゼントの日　　　　　　　　　　　　　[ボイド 16:23〜17:31]
他者との関係に、さらに一歩踏み込めるように。

25 土 プレゼントの日
人から貴重なものを受け取れる。提案を受ける場面も。

26 日 プレゼントの日　　　　　　　　　　　　　　　　　　　[ボイド 23:44〜]
人から貴重なものを受け取れる。提案を受ける場面も。

27 月 ◖プレゼントの日 ▶ 旅の日　　　　　　　　　　　　　　[ボイド 〜00:49]
遠い場所との間に、橋が架かり始める。

28 火 旅の日
遠出したり、遠くから人が訪ねてくれたりする日。発信力も増す。

3 ·MARCH·

1 水	旅の日 ▶ 達成の日　　　　　　　　　　　　　　　　　　[ボイド 10:09〜11:42]
	意欲が湧く。はっきりした成果が出る時間へ。

2 木	達成の日
	目標に手が届く。結果が出る日。人から認められる場面も。

3 金	達成の日　　　　　　　　　　　　　　　　　　　　　　[ボイド 23:24〜]
	目標に手が届く。結果が出る日。人から認められる場面も。◆水星が「任務」のハウスへ。日常生活の整理、整備。健康チェック。心身の調律。

4 土	達成の日 ▶ 友だちの日　　　　　　　　　　　　　　　　[ボイド 〜00:17]
	肩の力が抜け、伸びやかな気持ちになれる。

5 日	友だちの日
	未来のプランを立てる。友だちと過ごせる。チームワーク。

6 月	友だちの日 ▶ ひみつの日　　　　　　　　　　　　　　[ボイド 12:20〜12:40]
	ざわめきから少し離れたくなる。自分の時間。

7 火	○ひみつの日
	一人の時間。過去を振り返り、戦略を練る。自分を大事にする。☽「ひみつ」のハウスで満月。時間をかけて治療してきた傷が癒える。自他を赦し赦される。◆土星が「任務」のハウスへ。「役割・責任」について「一つ大人になる」プロセスに入る。

8 水	ひみつの日 ▶ スタートの日　　　　　　　　　　　　　[ボイド 23:09〜23:46]
	新しいことを始めやすい時間に切り替わる。

9 木	スタートの日
	主役の意識で動く。新しい選択肢を選べる。気持ちが切り替わる。

10 金	スタートの日
	主役の意識で動く。新しい選択肢を選べる。気持ちが切り替わる。

11 土	スタートの日 ▶ お金の日　　　　　　　　　　　　　　[ボイド 08:38〜09:07]
	物質面・経済活動が活性化する時間に入る。

12 日	お金の日
	いわゆる「金運がいい」日。実入りが良く、いい買い物もできそう。

13 月	お金の日 ▶ メッセージの日　　　　　　　　　　　　　[ボイド 16:00〜16:22]
	「動き」が出てくる。コミュニケーションの活性。

14 火	メッセージの日
	待っていた朗報が届く。勉強が捗る。外に出たくなる日。

15 水	◑メッセージの日 ▶ 家の日　　　　　　　　　　　　　[ボイド 17:52〜21:07]
	生活環境や身内に目が向かう。原点回帰。

16 木	家の日
	「普段の生活」が充実。身内との関係強化。環境改善ができる。

17	金	家の日 ▶ 愛の日　　　　　　　　　　　　　　　　[ボイド 23:15〜23:27]

17 金
家の日 ▶ 愛の日　　　　　　　　　　　　　　[ボイド 23:15〜23:27]
愛の追い風が吹く。好きなことができる。
◆金星が「ギフト」のハウスへ。欲望の解放と調整、他者への要求、他者からの要求。甘え。

18 土
愛の日
愛について嬉しいことがある。子育て、趣味、創作にも追い風が。

19 日
愛の日　　　　　　　　　　　　　　　　　　[ボイド 19:35〜]
愛について嬉しいことがある。子育て、趣味、創作にも追い風が。
◆水星が「他者」のハウスへ。正面から向き合う対話。調整のための交渉。若い人との出会い。

20 月
愛の日 ▶ メンテナンスの日　　　　　　　　　　　[ボイド 〜00:14]
「やりたいこと」から「やるべきこと」へのシフト。

21 火
メンテナンスの日
生活や心身の故障部分を修理できる。ケアしたり、されたり。
◆太陽が「他者」のハウスへ。1年のサイクルの中で人間関係を「結び直す」とき。

22 水
●メンテナンスの日 ▶ 人に会う日　　　　　　　[ボイド 01:00〜01:03]
「自分の世界」から「外界」へ出るような節目。
☽「他者」のハウスで新月。出会いのとき。誰かとの関係が刷新。未来への約束を交わす。

23 木
人に会う日
人に会ったり、会う約束をしたりする日。出会いの気配も。
◆冥王星が「愛」のハウスへ。ここから2043年頃にかけ、愛と創造的活動によって生まれ変われる。

24 金
人に会う日 ▶ プレゼントの日　　　　　　　　　[ボイド 02:15〜03:44]
他者との関係に、さらに一歩踏み込めるように。

25 土
プレゼントの日
人から貴重なものを受け取れる。提案を受ける場面も。
◆火星が「目標と結果」のハウスへ。キャリアや社会的立場における「勝負」の季節へ。挑戦の時間。

26 日
プレゼントの日 ▶ 旅の日　　　　　　　　　　　[ボイド 01:21〜09:43]
遠い場所との間に、橋が架かり始める。

27 月
旅の日
遠出したり、遠くから人が訪ねてくれたりする日。発信力も増す。

28 火
旅の日 ▶ 達成の日　　　　　　　　　　　　　[ボイド 10:41〜19:24]
意欲が湧く。はっきりした成果が出る時間へ。

29 水
◑達成の日
目標に手が届く。結果が出る日。人から認められる場面も。

30 木
達成の日　　　　　　　　　　　　　　　　　[ボイド 22:47〜]
目標に手が届く。結果が出る日。人から認められる場面も。

31 金
達成の日 ▶ 友だちの日　　　　　　　　　　　[ボイド 〜07:33]
肩の力が抜け、伸びやかな気持ちになれる。

4 ·APRIL·

1 土
友だちの日
未来のプランを立てる。友だちと過ごせる。チームワーク。

2 日
友だちの日 ▶ ひみつの日　　　　　　　　　　　[ボイド 15:05〜19:59]
ざわめきから少し離れたくなる。自分の時間。

3 月
ひみつの日
一人の時間。過去を振り返り、戦略を練る。自分を大事にする。

4 火
ひみつの日　　　　　　　　　　　　　　　　　[ボイド 22:52〜]
一人の時間。過去を振り返り、戦略を練る。自分を大事にする。
◆水星が「ギフト」のハウスへ。利害のマネジメント。コンサルテーション。カウンセリング。

5 水
ひみつの日 ▶ スタートの日　　　　　　　　　　[ボイド 〜06:53]
新しいことを始めやすい時間に切り替わる。

6 木
○スタートの日　　　　　　　　　　　　　　　[ボイド 21:44〜]
主役の意識で動く。新しい選択肢を選べる。気持ちが切り替わる。
☽「自分」のハウスで満月。現在の自分を受け入れられる。誰かに受け入れてもらえる。

7 金
スタートの日 ▶ お金の日　　　　　　　　　　　[ボイド 〜15:31]
物質面・経済活動が活性化する時間に入る。

8 土
お金の日
いわゆる「金運がいい」日。実入りが良く、いい買い物もできそう。

9 日
お金の日 ▶ メッセージの日　　　　　　　　　　[ボイド 18:11〜21:58]
「動き」が出てくる。コミュニケーションの活性。

10 月
メッセージの日
待っていた朗報が届く。勉強が捗る。外に出たくなる日。

11 火
メッセージの日　　　　　　　　　　　　　　　[ボイド 19:49〜]
待っていた朗報が届く。勉強が捗る。外に出たくなる日。
◆金星が「旅」のハウスへ。楽しい旅の始まり、旅の仲間。研究の果実。距離を越える愛。

12 水
メッセージの日 ▶ 家の日　　　　　　　　　　　[ボイド 〜02:35]
生活環境や身内に目が向かう。原点回帰。

13 木
●家の日　　　　　　　　　　　　　　　　　　[ボイド 23:16〜]
「普段の生活」が充実。身内との関係強化。環境改善ができる。

14 金
家の日 ▶ 愛の日　　　　　　　　　　　　　　　[ボイド 〜05:44]
愛の追い風が吹く。好きなことができる。

15 土
愛の日
愛について嬉しいことがある。子育て、趣味、創作にも追い風が。

16 日
愛の日 ▶ メンテナンスの日　　　　　　　　　　[ボイド 00:17〜07:58]
「やりたいこと」から「やるべきこと」へのシフト。

17 月 メンテナンスの日
生活や心身の故障部分を修理できる。ケアしたり、されたり。

18 火 メンテナンスの日 ▶ 人に会う日 [ボイド 03:59〜10:11]
「自分の世界」から「外界」へ出るような節目。

19 水 人に会う日
人に会ったり、会う約束をしたりする日。出会いの気配も。

20 木 ●人に会う日 ▶ プレゼントの日 [ボイド 13:14〜13:31]
他者との関係に、さらに一歩踏み込めるように。
☽「他者」のハウスで日食。誰かとの一対一の関係が、ミラクルな「再生」を遂げる。◆太陽が「ギフト」のハウスへ。1年のサイクルの中で経済的授受のバランスを見直すとき。

21 金 プレゼントの日
人から貴重なものを受け取れる。提案を受ける場面も。
◆水星が「ギフト」のハウスで逆行開始。経済的関係の調整。貸し借りの精算。「お礼・お返し」。

22 土 プレゼントの日 ▶ 旅の日 [ボイド 12:43〜19:13]
遠い場所との間に、橋が架かり始める。

23 日 旅の日
遠出したり、遠くから人が訪ねてくれたりする日。発信力も増す。

24 月 旅の日 [ボイド 21:17〜]
遠出したり、遠くから人が訪ねてくれたりする日。発信力も増す。

25 火 旅の日 ▶ 達成の日 [ボイド 〜04:00]
意欲が湧く。はっきりした成果が出る時間へ。

26 水 達成の日
目標に手が届く。結果が出る日。人から認められる場面も。

27 木 達成の日 ▶ 友だちの日 [ボイド 08:42〜15:31]
肩の力が抜け、伸びやかな気持ちになれる。

28 金 ●友だちの日
未来のプランを立てる。友だちと過ごせる。チームワーク。

29 土 友だちの日 [ボイド 19:54〜]
未来のプランを立てる。友だちと過ごせる。チームワーク。

30 日 友だちの日 ▶ ひみつの日 [ボイド 〜04:01]
ざわめきから少し離れたくなる。自分の時間。

5 ·MAY·

1	月	ひみつの日 一人の時間。過去を振り返り、戦略を練る。自分を大事にする。
2	火	ひみつの日 ▶ スタートの日　　　　　　　　　　[ボイド 08:54〜15:11] 新しいことを始めやすい時間に切り替わる。 ◆冥王星が「愛」のハウスで逆行開始。愛に何を求めているのか、問い直す時期へ。
3	水	スタートの日 主役の意識で動く。新しい選択肢を選べる。気持ちが切り替わる。
4	木	スタートの日 ▶ お金の日　　　　　　　　　　[ボイド 18:18〜23:34] 物質面・経済活動が活性化する時間に入る。
5	金	お金の日 いわゆる「金運がいい」日。実入りが良く、いい買い物もできそう。
6	土	○お金の日　　　　　　　　　　　　　　　　　[ボイド 23:39〜] いわゆる「金運がいい」日。実入りが良く、いい買い物もできそう。 ☽「生産」のハウスで月食。経済的に、驚きを伴う果実を収穫できそう。ミラクルな実り。
7	日	お金の日 ▶ メッセージの日　　　　　　　　　　[ボイド 〜05:06] 「動き」が出てくる。コミュニケーションの活性。 ◆金星が「目標と結果」のハウスへ。目標達成と勲章。気軽に掴めるチャンス。嬉しい配役。
8	月	メッセージの日 待っていた朗報が届く。勉強が捗る。外に出たくなる日。
9	火	メッセージの日 ▶ 家の日　　　　　　　　　　[ボイド 05:30〜08:35] 生活環境や身内に目が向かう。原点回帰。
10	水	家の日 「普段の生活」が充実。身内との関係強化。環境改善ができる。
11	木	家の日 ▶ 愛の日　　　　　　　　　　　　　　[ボイド 08:54〜11:07] 愛の追い風が吹く。好きなことができる。
12	金	◑愛の日 愛について嬉しいことがある。子育て、趣味、創作にも追い風が。
13	土	愛の日 ▶ メンテナンスの日　　　　　　　　　　[ボイド 12:17〜13:41] 「やりたいこと」から「やるべきこと」へのシフト。
14	日	メンテナンスの日 生活や心身の故障部分を修理できる。ケアしたり、されたり。
15	月	メンテナンスの日 ▶ 人に会う日　　　　　　　　[ボイド 11:58〜16:57] 「自分の世界」から「外界」へ出るような節目。 ◆水星が「ギフト」のハウスで順行へ。経済的な関係性がスムーズに。マネジメントの成功。

16	火	人に会う日 人に会ったり、会う約束をしたりする日。出会いの気配も。

17 水
人に会う日 ▶ プレゼントの日　　　　　　　　　[ボイド 18:11〜21:29]
他者との関係に、さらに一歩踏み込めるように。
◆木星が「ギフト」のハウスへ。約12年に1度の「ギフト」を受け取る1年に入っていく。

18 木
プレゼントの日
人から貴重なものを受け取れる。提案を受ける場面も。

19 金
プレゼントの日
人から貴重なものを受け取れる。提案を受ける場面も。

20 土
●プレゼントの日 ▶ 旅の日　　　　　　　　　　[ボイド 02:52〜03:49]
遠い場所との間に、橋が架かり始める。
🌑「ギフト」のハウスで新月。心の扉を開く。誰かに導かれての経験。ギフトから始まること。

21 日
旅の日
遠出したり、遠くから人が訪ねてくれたりする日。発信力も増す。
◆火星が「夢と友」のハウスへ。交友関係やチームワークに「熱」がこもる。夢を叶える勝負。◆太陽が「旅」のハウスへ。1年のサイクルの中で「精神的成長」を確認するとき。

22 月
旅の日 ▶ 達成の日　　　　　　　　　　　　　[ボイド 07:13〜12:30]
意欲が湧く。はっきりした成果が出る時間へ。

23 火
達成の日
目標に手が届く。結果が出る日。人から認められる場面も。

24 水
達成の日 ▶ 友だちの日　　　　　　　　　　　[ボイド 18:14〜23:36]
肩の力が抜け、伸びやかな気持ちになれる。

25 木
友だちの日
未来のプランを立てる。友だちと過ごせる。チームワーク。

26 金
友だちの日　　　　　　　　　　　　　　　　　[ボイド 15:40〜]
未来のプランを立てる。友だちと過ごせる。チームワーク。

27 土
友だちの日 ▶ ひみつの日　　　　　　　　　　[ボイド 〜12:07]
ざわめきから少し離れたくなる。自分の時間。

28 日
◐ひみつの日
一人の時間。過去を振り返り、戦略を練る。自分を大事にする。

29 月
ひみつの日 ▶ スタートの日　　　　　　　　　[ボイド 18:47〜23:52]
新しいことを始めやすい時間に切り替わる。

30 火
スタートの日
主役の意識で動く。新しい選択肢を選べる。気持ちが切り替わる。

31 水
スタートの日　　　　　　　　　　　　　　　　[ボイド 23:55〜]
主役の意識で動く。新しい選択肢を選べる。気持ちが切り替わる。

6 ・JUNE・

1	木	スタートの日 ▶ お金の日　　　　　　　　　　　　　　　[ボイド 〜08:47] 物質面・経済活動が活性化する時間に入る。
2	金	お金の日 いわゆる「金運がいい」日。実入りが良く、いい買い物もできそう。
3	土	お金の日 ▶ メッセージの日　　　　　　　　　　　　[ボイド 09:53〜14:05] 「動き」が出てくる。コミュニケーションの活性。
4	日	○メッセージの日 待っていた朗報が届く。勉強が捗る。外に出たくなる日。 ☽「コミュニケーション」のハウスで満月。重ねてきた勉強や対話が 実を結ぶとき。意思疎通が叶う。
5	月	メッセージの日 ▶ 家の日　　　　　　　　　　　　[ボイド 12:25〜16:33] 生活環境や身内に目が向かう。原点回帰。 ◆金星が「夢と友」のハウスへ。友や仲間との交流が華やかに。「恵 み」を受け取れる。
6	火	家の日 「普段の生活」が充実。身内との関係強化。環境改善ができる。
7	水	家の日 ▶ 愛の日　　　　　　　　　　　　　　　　[ボイド 13:41〜17:43] 愛の追い風が吹く。好きなことができる。
8	木	愛の日 愛について嬉しいことがある。子育て、趣味、創作にも追い風が。
9	金	愛の日 ▶ メンテナンスの日　　　　　　　　　　　[ボイド 13:25〜19:16] 「やりたいこと」から「やるべきこと」へのシフト。
10	土	メンテナンスの日 生活や心身の故障部分を修理できる。ケアしたり、されたり。
11	日	◑メンテナンスの日 ▶ 人に会う日　　　　　　　　[ボイド 22:22〜22:22] 「自分の世界」から「外界」へ出るような節目。 ◆逆行中の冥王星が「家」のハウスへ。2008年頃からの「居場所 の再生」のプロセスを振り返る時間に。◆水星が「旅」のハウスへ。 軽やかな旅立ち。勉強や研究に追い風が。導き手に恵まれる。
12	月	人に会う日 人に会ったり、会う約束をしたりする日。出会いの気配も。
13	火	人に会う日 人に会ったり、会う約束をしたりする日。出会いの気配も。
14	水	人に会う日 ▶ プレゼントの日　　　　　　　　　　[ボイド 03:28〜03:33] 他者との関係に、さらに一歩踏み込めるように。
15	木	プレゼントの日 人から貴重なものを受け取れる。提案を受ける場面も。
16	金	プレゼントの日 ▶ 旅の日　　　　　　　　　　　　[ボイド 10:38〜10:47] 遠い場所との間に、橋が架かり始める。

17 土 　旅の日
遠出したり、遠くから人が訪ねてくれたりする日。発信力も増す。

18 日 　●旅の日 ▶ 達成の日　　　　　　　　　　　　[ボイド 15:26〜19:59]
意欲が湧く。はっきりした成果が出る時間です。
◆土星が「任務」のハウスで逆行開始。責任感や自立心を少し緩めて、
時間をゆったり使う。🌙「旅」のハウスで新月。旅に出発する。
専門分野を開拓し始める。矢文を放つ。

19 月 　達成の日
目標に手が届く。結果が出る日。人から認められる場面も。

20 火 　達成の日
目標に手が届く。結果が出る日。人から認められる場面も。

21 水 　達成の日 ▶ 友だちの日　　　　　　　　　　　[ボイド 06:45〜07:06]
肩の力が抜け、伸びやかな気持ちになれる。
◆太陽が「目標と結果」のハウスへ。1年のサイクルの中で「目標と
達成」を確認するとき。

22 木 　友だちの日
未来のプランを立てる。友だちと過ごせる。チームワーク。

23 金 　友だちの日 ▶ ひみつの日　　　　　　　　　　[ボイド 02:02〜19:37]
ざわめきから少し離れたくなる。自分の時間。

24 土 　ひみつの日
一人の時間。過去を振り返り、戦略を練る。自分を大事にする。

25 日 　ひみつの日
一人の時間。過去を振り返り、戦略を練る。自分を大事にする。

26 月 　◑ひみつの日 ▶ スタートの日　　　　　　　　[ボイド 07:26〜07:59]
新しいことを始めやすい時間に切り替わる。

27 火 　スタートの日
主役の意識で動く。新しい選択肢を選べる。気持ちが切り替わる。
◆水星が「目標と結果」のハウスへ。ここから忙しくなる。新しい課
題、ミッション、使命。

28 水 　スタートの日 ▶ お金の日　　　　　　　　　　[ボイド 17:20〜17:57]
物質面・経済活動が活性化する時間に入る。

29 木 　お金の日
いわゆる「金運がいい」日。実入りが良く、いい買い物もできそう。

30 金 　お金の日　　　　　　　　　　　　　　　　　　[ボイド 23:22〜]
いわゆる「金運がいい」日。実入りが良く、いい買い物もできそう。

7 • JULY •

1 土
お金の日 ▶ メッセージの日 　　　　　　　　　　　[ボイド 〜00:01]
「動き」が出てくる。コミュニケーションの活性。
◆海王星が「任務」のハウスで逆行開始。体と心のコンディションの
複雑な繋がりを意識する。

2 日
メッセージの日 　　　　　　　　　　　　　　　　[ボイド 22:35〜]
待っていた朗報が届く。勉強が捗る。外に出たくなる日。

3 月
○メッセージの日 ▶ 家の日 　　　　　　　　　　　[ボイド 〜02:22]
生活環境や身内に目が向かう。原点回帰。
🌙「家」のハウスで満月。居場所が「定まる」。身近な人との間で「心
満ちる」とき。

4 火
家の日
「普段の生活」が充実。身内との関係強化。環境改善ができる。

5 水
家の日 ▶ 愛の日 　　　　　　　　　　　　　　　[ボイド 01:47〜02:32]
愛の追い風が吹く。好きなことができる。

6 木
愛の日 　　　　　　　　　　　　　　　　　　　　[ボイド 22:43〜]
愛について嬉しいことがある。子育て、趣味、創作にも追い風が。

7 金
愛の日 ▶ メンテナンスの日 　　　　　　　　　　[ボイド 〜02:34]
「やりたいこと」から「やるべきこと」へのシフト。

8 土
メンテナンスの日
生活や心身の故障部分を修理できる。ケアしたり、されたり。

9 日
メンテナンスの日 ▶ 人に会う日 　　　　　　　　[ボイド 03:24〜04:21]
「自分の世界」から「外界」へ出るような節目。

10 月
◐人に会う日
人に会ったり、会う約束をしたりする日。出会いの気配も。
◆火星が「ひみつ」のハウスへ。内なる敵と闘って克服できる時間。
自分の真の強さを知る。

11 火
人に会う日 ▶ プレゼントの日 　　　　　　　　　[ボイド 08:13〜08:57]
他者との関係に、さらに一歩踏み込めるように。
◆水星が「夢と友」のハウスへ。仲間に恵まれる爽やかな季節。友
と夢を語れる。新しい計画。

12 水
プレゼントの日
人から貴重なものを受け取れる。提案を受ける場面も。

13 木
プレゼントの日 ▶ 旅の日 　　　　　　　　　　　[ボイド 15:12〜16:28]
遠い場所との間に、橋が架かり始める。

14 金
旅の日
遠出したり、遠くから人が訪ねてくれたりする日。発信力も増す。

15 土
旅の日 　　　　　　　　　　　　　　　　　　　　[ボイド 21:37〜]
遠出したり、遠くから人が訪ねてくれたりする日。発信力も増す。

16	日	旅の日 ▶ 達成の日	[ボイド 〜02:15]
		意欲が湧く。はっきりした成果が出る時間へ。	
17	月	達成の日	
		目標に手が届く。結果が出る日。人から認められる場面も。	
18	火	●達成の日 ▶ 友だちの日	[ボイド 12:08〜13:41]
		肩の力が抜け、伸びやかな気持ちになれる。	
		☽「目標と結果」のハウスで新月。新しいミッションがスタートするとき。目的意識が定まる。	
19	水	友だちの日	
		未来のプランを立てる。友だちと過ごせる。チームワーク。	
20	木	友だちの日	[ボイド 23:10〜]
		未来のプランを立てる。友だちと過ごせる。チームワーク。	
21	金	友だちの日 ▶ ひみつの日	[ボイド 〜02:14]
		ざわめきから少し離れたくなる。自分の時間。	
22	土	ひみつの日	
		一人の時間。過去を振り返り、戦略を練る。自分を大事にする。	
23	日	ひみつの日 ▶ スタートの日	[ボイド 13:08〜14:56]
		新しいことを始めやすい時間に切り替わる。	
		◆金星が「夢と友」のハウスで逆行開始。チームワークや友情を、愛をもって見直せる。◆太陽が「夢と友」のハウスへ。1年のサイクルの中で「友」「未来」に目を向ける季節へ。	
24	月	スタートの日	
		主役の意識で動く。新しい選択肢を選べる。気持ちが切り替わる。	
25	火	スタートの日	
		主役の意識で動く。新しい選択肢を選べる。気持ちが切り替わる。	
26	水	☾スタートの日 ▶ お金の日	[ボイド 00:07〜01:57]
		物質面・経済活動が活性化する時間に入る。	
27	木	お金の日	
		いわゆる「金運がいい」日。実入りが良く、いい買い物もできそう。	
28	金	お金の日 ▶ メッセージの日	[ボイド 07:38〜09:26]
		「動き」が出てくる。コミュニケーションの活性。	
29	土	メッセージの日	
		待っていた朗報が届く。勉強が捗る。外に出たくなる日。	
		◆水星が「ひみつ」のハウスへ。思考が深まる。思索、瞑想、誰かのための勉強。記録の精査。	
30	日	メッセージの日 ▶ 家の日	[ボイド 08:53〜12:46]
		生活環境や身内に目が向かう。原点回帰。	
31	月	家の日	
		「普段の生活」が充実。身内との関係強化。環境改善ができる。	

8 ·AUGUST·

1	火	家の日 ▶ 愛の日　　　　　　　　　　　　　　　　　　[ボイド 11:14〜12:59] 愛の追い風が吹く。好きなことができる。
2	水	○愛の日 愛について嬉しいことがある。子育て、趣味、創作にも追い風が。 ☽「愛」のハウスで満月。愛が「満ちる」「実る」とき。クリエイティブ な作品の完成。
3	木	愛の日 ▶ メンテナンスの日　　　　　　　　　　　　　　[ボイド 06:17〜12:07] 「やりたいこと」から「やるべきこと」へのシフト。
4	金	メンテナンスの日 生活や心身の故障部分を修理できる。ケアしたり、されたり。
5	土	メンテナンスの日 ▶ 人に会う日　　　　　　　　　　　　[ボイド 10:22〜12:21] 「自分の世界」から「外界」へ出るような節目。
6	日	人に会う日 人に会ったり、会う約束をしたりする日。出会いの気配も。
7	月	人に会う日 ▶ プレゼントの日　　　　　　　　　　　　　[ボイド 13:14〜15:26] 他者との関係に、さらに一歩踏み込めるように。
8	火	◑プレゼントの日 人から貴重なものを受け取れる。提案を受ける場面も。
9	水	プレゼントの日 ▶ 旅の日　　　　　　　　　　　　　　　[ボイド 19:40〜22:07] 遠い場所との間に、橋が架かり始める。
10	木	旅の日 遠出したり、遠くから人が訪ねてくれたりする日。発信力も増す。
11	金	旅の日 遠出したり、遠くから人が訪ねてくれたりする日。発信力も増す。
12	土	旅の日 ▶ 達成の日　　　　　　　　　　　　　　　　　　[ボイド 02:29〜07:54] 意欲が湧く。はっきりした成果が出る時間へ。
13	日	達成の日 目標に手が届く。結果が出る日。人から認められる場面も。
14	月	達成の日 ▶ 友だちの日　　　　　　　　　　　　　　　　[ボイド 16:48〜19:38] 肩の力が抜け、伸びやかな気持ちになれる。
15	火	友だちの日 未来のプランを立てる。友だちと過ごせる。チームワーク。
16	水	●友だちの日　　　　　　　　　　　　　　　　　　　　　[ボイド 18:40〜] 未来のプランを立てる。友だちと過ごせる。チームワーク。 ☽「夢と友」のハウスで新月。新しい仲間や友に出会えるとき。夢が 生まれる。迷いが晴れる。
17	木	友だちの日 ▶ ひみつの日　　　　　　　　　　　　　　　[ボイド 〜08:16] ざわめきから少し離れたくなる。自分の時間。

18	金	ひみつの日

18 金 ひみつの日
一人の時間。過去を振り返り、戦略を練る。自分を大事にする。

19 土 ひみつの日 ▶ スタートの日　　　　　　　　　　[ボイド 17:52～20:55]
新しいことを始めやすい時間に切り替わる。

20 日 スタートの日
主役の意識で動く。新しい選択肢を選べる。気持ちが切り替わる。

21 月 スタートの日
主役の意識で動く。新しい選択肢を選べる。気持ちが切り替わる。

22 火 スタートの日 ▶ お金の日　　　　　　　　　　[ボイド 05:33～08:24]
物質面・経済活動が活性化する時間に入る。

23 水 お金の日
いわゆる「金運がいい」日。実入りが良く、いい買い物もできそう。
◆太陽が「ひみつ」のハウスへ。新しい1年を目前にしての、振り返りと準備の時期。

24 木 ●お金の日 ▶ メッセージの日　　　　　　　　[ボイド 14:12～17:09]
「動き」が出てくる。コミュニケーションの活性。
◆水星が「ひみつ」のハウスで逆行開始。自問自答を重ねて、謎を解いていく。自己との対話。

25 金 メッセージの日
待っていた朗報が届く。勉強が捗る。外に出たくなる日。

26 土 メッセージの日 ▶ 家の日　　　　　　　　　　[ボイド 20:58～22:07]
生活環境や身内に目が向かう。原点回帰。

27 日 家の日
「普段の生活」が充実。身内との関係強化。環境改善ができる。
◆火星が「自分」のハウスへ。熱い自己変革の季節へ。勝負、挑戦。自分から動きたくなる。

28 月 家の日 ▶ 愛の日　　　　　　　　　　　　　[ボイド 20:51～23:33]
愛の追い風が吹く。好きなことができる。

29 火 愛の日
愛について嬉しいことがある。子育て、趣味、創作にも追い風が。
◆天王星が「ギフト」のハウスで逆行開始。自立や依存への見方を変えるプロセスへ。

30 水 愛の日 ▶ メンテナンスの日　　　　　　　　[ボイド 12:06～22:58]
「やりたいこと」から「やるべきこと」へのシフト。

31 木 ○メンテナンスの日
生活や心身の故障部分を修理できる。ケアしたり、されたり。
☽「任務」のハウスで満月。日々の努力や蓄積が「実る」。自他の体調のケアに留意。

9 •SEPTEMBER•

1 金
メンテナンスの日 ▶ 人に会う日 　　　　　　　　[ボイド 19:37〜22:26]
「自分の世界」から「外界」へ出るような節目。

2 土
人に会う日
人に会ったり、会う約束をしたりする日。出会いの気配も。

3 日
人に会う日 　　　　　　　　　　　　　　　　　　　[ボイド 20:58〜]
人に会ったり、会う約束をしたりする日。出会いの気配も。

4 月
人に会う日 ▶ プレゼントの日 　　　　　　　　　　[ボイド 〜00:01]
他者との関係に、さらに一歩踏み込めるように。
◆金星が「夢と友」のハウスで順行へ。人間関係が楽しく豊かなものに。新たな希望も。◆木星が「ギフト」のハウスで逆行開始。人から受け取るリソースを精査し始める。内容の理解。

5 火
プレゼントの日
人から貴重なものを受け取れる。提案を受ける場面も。

6 水
プレゼントの日 ▶ 旅の日 　　　　　　　　　　　[ボイド 01:48〜05:08]
遠い場所との間に、橋が架かり始める。

7 木
◗旅の日
遠出したり、遠くから人が訪ねてくれたりする日。発信力も増す。

8 金
旅の日 ▶ 達成の日 　　　　　　　　　　　　　[ボイド 07:23〜14:01]
意欲が湧く。はっきりした成果が出る時間へ。

9 土
達成の日
目標に手が届く。結果が出る日。人から認められる場面も。

10 日
達成の日 　　　　　　　　　　　　　　　　　　　[ボイド 21:49〜]
目標に手が届く。結果が出る日。人から認められる場面も。

11 月
達成の日 ▶ 友だちの日 　　　　　　　　　　　　[ボイド 〜01:38]
肩の力が抜け、伸びやかな気持になれる。

12 火
友だちの日
未来のプランを立てる。友だちと過ごせる。チームワーク。

13 水
友だちの日 ▶ ひみつの日 　　　　　　　　　　[ボイド 00:07〜14:20]
ざわめきから少し離れたくなる。自分の時間。

14 木
ひみつの日
一人の時間。過去を振り返り、戦略を練る。自分を大事にする。

15 金
●ひみつの日 　　　　　　　　　　　　　　　　　[ボイド 22:51〜]
一人の時間。過去を振り返り、戦略を練る。自分を大事にする。
☽「ひみつ」のハウスで新月。密かな迷いから解放される。自他を救うための行動を起こす。

16 土
ひみつの日 ▶ スタートの日 　　　　　　　　　　[ボイド 〜02:46]
新しいことを始めやすい時間に切り替わる。
◆水星が「ひみつ」のハウスで順行へ。自分の感情への理解が深まる。自分の言葉の発見。

17	日	スタートの日 主役の意識で動く。新しい選択肢を選べる。気持ちが切り替わる。
18	月	スタートの日 ▶ お金の日 [ボイド 10:08〜14:00] 物質面・経済活動が活性化する時間に入る。
19	火	お金の日 いわゆる「金運がいい」日。実入りが良く、いい買い物もできそう。
20	水	お金の日 ▶ メッセージの日 [ボイド 19:23〜23:08] 「動き」が出てくる。コミュニケーションの活性。
21	木	メッセージの日 待っていた朗報が届く。勉強が捗る。外に出たくなる日。
22	金	メッセージの日 待っていた朗報が届く。勉強が捗る。外に出たくなる日。
23	土	◐ メッセージの日 ▶ 家の日 [ボイド 04:33〜05:22] 生活環境や身内に目が向かう。原点回帰。 ◆太陽が「自分」のハウスへ。お誕生月の始まり、新しい1年への「扉」を開くとき。
24	日	家の日 「普段の生活」が充実。身内との関係強化。環境改善ができる。
25	月	家の日 ▶ 愛の日 [ボイド 05:07〜08:31] 愛の追い風が吹く。好きなことができる。
26	火	愛の日 [ボイド 21:40〜] 愛について嬉しいことがある。子育て、趣味、創作にも追い風が。
27	水	愛の日 ▶ メンテナンスの日 [ボイド 〜09:20] 「やりたいこと」から「やるべきこと」へのシフト。
28	木	メンテナンスの日 生活や心身の故障部分を修理できる。ケアしたり、されたり。
29	金	○ メンテナンスの日 ▶ 人に会う日 [ボイド 05:59〜09:19] 「自分の世界」から「外界」へ出るような節目。 ☽「他者」のハウスで満月。誰かとの一対一の関係が「満ちる」。交渉の成立、契約。
30	土	人に会う日 人に会ったり、会う約束をしたりする日。出会いの気配も。

10 ·OCTOBER·

| 1 | 日 | 人に会う日 ▶ プレゼントの日 [ボイド 06:51〜10:20] |
| | | 他者との関係に、さらに一歩踏み込めるように。 |

| 2 | 月 | プレゼントの日 |
| | | 人から貴重なものを受け取れる。提案を受ける場面も。 |

| 3 | 火 | プレゼントの日 ▶ 旅の日 [ボイド 10:21〜14:05] |
| | | 遠い場所との間に、橋が架かり始める。 |

| 4 | 水 | 旅の日 |
| | | 遠出したり、遠くから人が訪ねてくれたりする日。発信力も増す。 |

5	木	旅の日 ▶ 達成の日 [ボイド 15:36〜21:33]
		意欲が湧く。はっきりした成果が出る時間へ。
		◆水星が「自分」のハウスへ。知的活動が活性化。若々しい気持ちで、行動力。発言力の強化。

| 6 | 金 | 達成の日 |
| | | 目標に手が届く。結果が出る日。人から認められる場面も。 |

| 7 | 土 | 達成の日 |
| | | 目標に手が届く。結果が出る日。人から認められる場面も。 |

| 8 | 日 | 達成の日 ▶ 友だちの日 [ボイド 04:13〜08:26] |
| | | 肩の力が抜け、伸びやかな気持ちになれる。 |

9	月	友だちの日
		未来のプランを立てる。友だちと過ごせる。チームワーク。
		◆金星が「ひみつ」のハウスへ。これ以降、純粋な愛情から行動できる。一人の時間の充実も。

| 10 | 火 | 友だちの日 ▶ ひみつの日 [ボイド 18:38〜21:03] |
| | | ざわめきから少し離れたくなる。自分の時間。 |

11	水	ひみつの日
		一人の時間。過去を振り返り、戦略を練る。自分を大事にする。
		◆冥王星が「家」のハウスで順行へ。心が居場所に深く根を伸ばす道筋を見いだす。

12	木	ひみつの日
		一人の時間。過去を振り返り、戦略を練る。自分を大事にする。
		◆火星が「生産」のハウスへ。ほてりが収まって地に足がつく。経済的な「勝負」も。

| 13 | 金 | ひみつの日 ▶ スタートの日 [ボイド 05:12〜09:24] |
| | | 新しいことを始めやすい時間に切り替わる。 |

| 14 | 土 | スタートの日 |
| | | 主役の意識で動く。新しい選択肢を選べる。気持ちが切り替わる。 |

15	日	●スタートの日 ▶ お金の日 [ボイド 16:03〜20:06]
		物質面・経済活動が活性化する時間に入る。
		☽「自分」のハウスで日食。非常に長い物語の、劇的な幕開け。「生まれかわる」体験。

16	月	お金の日 いわゆる「金運がいい」日。実入りが良く、いい買い物もできそう。
17	火	お金の日 いわゆる「金運がいい」日。実入りが良く、いい買い物もできそう。
18	水	お金の日 ▶ メッセージの日　　　　　　　　　　　[ボイド 00:45〜04:38] 「動き」が出てくる。コミュニケーションの活性。
19	木	メッセージの日 待っていた朗報が届く。勉強が捗る。外に出たくなる日。
20	金	メッセージの日 ▶ 家の日　　　　　　　　　　　[ボイド 04:04〜10:56] 生活環境や身内に目が向かう。原点回帰。
21	土	家の日 「普段の生活」が充実。身内との関係強化。環境改善ができる。
22	日	●家の日 ▶ 愛の日　　　　　　　　　　　　　[ボイド 15:02〜15:08] 愛の追い風が吹く。好きなことができる。 ◆水星が「生産」のハウスへ。経済活動に知性を活かす。情報収集、 経営戦略。在庫整理。
23	月	愛の日 愛について嬉しいことがある。子育て、趣味、創作にも追い風が。
24	火	愛の日 ▶ メンテナンスの日　　　　　　　　　[ボイド 04:06〜17:35] 「やりたいこと」から「やるべきこと」へのシフト。 ◆太陽が「生産」のハウスへ。1年のサイクルの中で「物質的・経 済的土台」を整備する。
25	水	メンテナンスの日 生活や心身の故障部分を修理できる。ケアしたり、されたり。
26	木	メンテナンスの日 ▶ 人に会う日　　　　　　　[ボイド 15:41〜19:03] 「自分の世界」から「外界」へ出るような節目。
27	金	人に会う日 人に会ったり、会う約束をしたりする日。出会いの気配も。
28	土	人に会う日 ▶ プレゼントの日　　　　　　　　[ボイド 17:21〜20:46] 他者との関係に、さらに一歩踏み込めるように。
29	日	○プレゼントの日 人から貴重なものを受け取れる。提案を受ける場面も。 ◖「ギフト」のハウスで月食。誰かがあなたに、予想外の形で「気持ち」を示してくれそう。
30	月	プレゼントの日　　　　　　　　　　　　　　　　[ボイド 20:37〜] 人から貴重なものを受け取れる。提案を受ける場面も。
31	火	プレゼントの日 ▶ 旅の日　　　　　　　　　　　[ボイド 〜00:09] 遠い場所との間に、橋が架かり始める。

11 ·NOVEMBER·

1	水	旅の日 [ボイド 21:38〜] 遠出したり、遠くから人が訪ねてくれたりする日。発信力も増す。
2	木	旅の日 ▶ 達成の日 [ボイド 〜06:32] 意欲が湧く。はっきりした成果が出る時間へ。
3	金	達成の日 目標に手が届く。結果が出る日。人から認められる場面も。
4	土	達成の日 ▶ 友だちの日 [ボイド 12:29〜16:23] 肩の力が抜け、伸びやかな気持になれる。 ◆土星が「任務」のハウスで順行へ。任務が軌道に乗る。日常生活のリズム、ルールの正常化。
5	日	◗ 友だちの日 未来のプランを立てる。友だちと過ごせる。チームワーク。
6	月	友だちの日 [ボイド 16:27〜] 未来のプランを立てる。友だちと過ごせる。チームワーク。
7	火	友だちの日 ▶ ひみつの日 [ボイド 〜04:41] ざわめきから少し離れたくなる。自分の時間。
8	水	ひみつの日 一人の時間。過去を振り返り、戦略を練る。自分を大事にする。 ◆金星が「自分」のハウスに。あなたの魅力が輝く季節の到来。愛に恵まれる楽しい日々へ。
9	木	ひみつの日 ▶ スタートの日 [ボイド 13:57〜17:10] 新しいことを始めやすい時間に切り替わる。
10	金	スタートの日 主役の意識で動く。新しい選択肢を選べる。気持が切り替わる。 ◆水星が「コミュニケーション」のハウスへ。知的活動の活性化、コミュニケーションの進展。学習の好機。
11	土	スタートの日 主役の意識で動く。新しい選択肢を選べる。気持が切り替わる。
12	日	スタートの日 ▶ お金の日 [ボイド 00:07〜03:41] 物質面・経済活動が活性化する時間に入る。
13	月	● お金の日 いわゆる「金運がいい」日。実入りが良く、いい買い物もできそう。 ◗「生産」のハウスで新月。新しい経済活動をスタートさせる。新しいものを手に入れる。
14	火	お金の日 ▶ メッセージの日 [ボイド 08:05〜11:25] 「動き」が出てくる。コミュニケーションの活性。
15	水	メッセージの日 待っていた朗報が届く。勉強が捗る。外に出たくなる日。

16 木 メッセージの日 ▶ 家の日　　　　　　　　　　　　　[ボイド 07:59～16:43]
生活環境や身内に目が向かう。原点回帰。

17 金 家の日
「普段の生活」が充実。身内との関係強化。環境改善ができる。

18 土 家の日 ▶ 愛の日　　　　　　　　　　　　　　　　[ボイド 17:29～20:29]
愛の追い風が吹く。好きなことができる。

19 日 愛の日
愛について嬉しいことがある。子育て、趣味、創作にも追い風が。

20 月 ●愛の日 ▶ メンテナンスの日　　　　　　　　　　[ボイド 19:52～23:31]
「やりたいこと」から「やるべきこと」へのシフト。

21 火 メンテナンスの日
生活や心身の故障部分を修理できる。ケアしたり、されたり。

22 水 メンテナンスの日
生活や心身の故障部分を修理できる。ケアしたり、されたり。
◆太陽が「コミュニケーション」のハウスへ。1年のサイクルの中で
コミュニケーションを繋ぎ直すとき。

23 木 メンテナンスの日 ▶ 人に会う日　　　　　　　　　[ボイド 00:11～02:21]
「自分の世界」から「外界」へ出るような節目。

24 金 人に会う日
人に会ったり、会う約束をしたりする日。出会いの気配も。
◆火星が「コミュニケーション」のハウスに。熱いコミュニケーション、
議論、向学心。外に出て動く日々へ。

25 土 人に会う日 ▶ プレゼントの日　　　　　　　　　　[ボイド 02:42～05:30]
他者との関係に、さらに一歩踏み込めるように。

26 日 プレゼントの日
人から貴重なものを受け取れる。提案を受ける場面も。

27 月 ○プレゼントの日 ▶ 旅の日　　　　　　　　　　　[ボイド 06:53～09:42]
遠い場所との間に、橋が架かり始める。
☽「旅」のハウスで満月。遠い場所への扉が「満を持して」開かれる。
遠くまで声が届く。

28 火 旅の日
遠出したり、遠くから人が訪ねてくれたりする日。発信力も増す。

29 水 旅の日 ▶ 達成の日　　　　　　　　　　　　　　　[ボイド 10:05～15:55]
意欲が湧く。はっきりした成果が出る時間へ。

30 木 達成の日
目標に手が届く。結果が出る日。人から認められる場面も。

12 ·DECEMBER·

1 金
達成の日 [ボイド 22:08〜]
目標に手が届く。結果が出る日。人から認められる場面も。
◆水星が「家」のハウスへ。来訪者。身近な人との対話。若々しい
風が居場所に吹き込む。

2 土
達成の日 ▶ 友だちの日 [ボイド 〜01:02]
肩の力が抜け、伸びやかな気持ちになれる。

3 日
友だちの日
未来のプランを立てる。友だちと過ごせる。チームワーク。

4 月
友だちの日 ▶ ひみつの日 [ボイド 11:13〜12:52]
ざわめきから少し離れたくなる。自分の時間。

5 火
◐ひみつの日
一人の時間。過去を振り返り、戦略を練る。自分を大事にする。
◆金星が「生産」のハウスへ。経済活動の活性化、上昇気流。物質
的豊かさの開花。

6 水
ひみつの日 [ボイド 22:52〜]
一人の時間。過去を振り返り、戦略を練る。自分を大事にする。
◆海王星が「任務」のハウスで順行へ。健康や労働に関し、不思議
な「復調」が起こり始める。

7 木
ひみつの日 ▶ スタートの日 [ボイド 〜01:36]
新しいことを始めやすい時間に切り替わる。

8 金
スタートの日
主役の意識で動く。新しい選択肢を選べる。気持ちが切り替わる。

9 土
スタートの日 ▶ お金の日 [ボイド 10:07〜12:36]
物質面・経済活動が活性化する時間に入る。

10 日
お金の日
いわゆる「金運がいい」日。実入りが良く、いい買い物もできそう。

11 月
お金の日 ▶ メッセージの日 [ボイド 17:59〜20:13]
「動き」が出てくる。コミュニケーションの活性。

12 火
メッセージの日
待っていた朗報が届く。勉強が捗る。外に出たくなる日。

13 水
●メッセージの日 [ボイド 15:50〜]
待っていた朗報が届く。勉強が捗る。外に出たくなる日。
☽「コミュニケーション」のハウスで新月。新しいコミュニケーション
が始まる。学び始める。朗報も。◆水星が「家」のハウスで逆行開始。
家族や身近な人にじっくり時間と労力を注ぐ時間へ。

14 木
メッセージの日 ▶ 家の日 [ボイド 〜00:33]
生活環境や身内に目が向かう。原点回帰。

15 金.
家の日
「普段の生活」が充実。身内との関係強化。環境改善ができる。

16 土 家の日 ▶ 愛の日　　　　　　　　　　　　　　　　[ボイド 01:05〜02:58]
愛の追い風が吹く。好きなことができる。

17 日 愛の日　　　　　　　　　　　　　　　　　　　　　[ボイド 21:05〜]
愛について嬉しいことがある。子育て、趣味、創作にも追い風が。

18 月 愛の日 ▶ メンテナンスの日　　　　　　　　　　　　　[ボイド 〜05:00]
「やりたいこと」から「やるべきこと」へのシフト。

19 火 メンテナンスの日
生活や心身の故障部分を修理できる。ケアしたり、されたり。

20 水 ◑メンテナンスの日 ▶ 人に会う日　　　　　　　　　　[ボイド 06:05〜07:48]
「自分の世界」から「外界」へ出るような節目。

21 木 人に会う日
人に会ったり、会う約束をしたりする日。出会いの気配も。

22 金 人に会う日 ▶ プレゼントの日　　　　　　　　　　　　[ボイド 11:49〜11:52]
他者との関係に、さらに一歩踏み込めるように。
◆太陽が「家」のハウスへ。1年のサイクルの中で「居場所・家・心」を整備し直すとき。

23 土 プレゼントの日
人から貴重なものを受け取れる。提案を受ける場面も。
◆逆行中の水星が「コミュニケーション」のハウスに。もう一度話すべきことを話せる時間。

24 日 プレゼントの日 ▶ 旅の日　　　　　　　　　　　　　　[ボイド 15:41〜17:16]
遠い場所との間に、橋が架かり始める。

25 月 旅の日
遠出したり、遠くから人が訪ねてくれたりする日。発信力も増す。

26 火 旅の日　　　　　　　　　　　　　　　　　　　　　[ボイド 16:57〜]
遠出したり、遠くから人が訪ねてくれたりする日。発信力も増す。

27 水 ○旅の日 ▶ 達成の日　　　　　　　　　　　　　　　[ボイド 〜00:17]
意欲が湧く。はっきりした成果が出る時間へ。
☽「目標と結果」のハウスで満月。目標達成のとき。社会的立場が一段階上がるような節目。

28 木 達成の日
目標に手が届く。結果が出る日。人から認められる場面も。

29 金 達成の日 ▶ 友だちの日　　　　　　　　　　　　　　[ボイド 07:59〜09:25]
肩の力が抜け、伸びやかな気持ちになれる。

30 土 友だちの日
未来のプランを立てる。友だちと過ごせる。チームワーク。
◆金星が「コミュニケーション」のハウスへ。喜びある学び、対話、外出。言葉による優しさ、愛の伝達。

31 日 友だちの日 ▶ ひみつの日　　　　　　　　　　　　　[ボイド 14:20〜20:55]
ざわめきから少し離れたくなる。自分の時間。
◆木星が「ギフト」のハウスで順行へ。人から提供されるリソースに心を開いてゆく。

参考　カレンダー解説の文字・線の色

あなたの星座にとって星の動きがどんな意味を持つか、わかりやすくカレンダーに書き込んでみたのが、P.89からの「カレンダー解説」です。色分けは厳密なものではありませんが、だいたい以下のようなイメージで分けられています。

―――― **赤色**
インパクトの強い出来事、意欲や情熱、パワーが必要な場面。

―――― **水色**
ビジネスや勉強、コミュニケーションなど、知的な活動に関すること。

―――― **紺色**
重要なこと、長期的に大きな意味のある変化。精神的な変化、健康や心のケアに関すること。

―――― **緑色**
居場所、家族に関すること。

―――― **ピンク色**
愛や人間関係に関すること。嬉しいこと。

―――― **オレンジ色**
経済活動、お金に関すること。

天秤座 2023年の
カレンダー解説

● 解説の文字・線の色のイメージは P.88 をご参照下さい ●

1 ·JANUARY·

mon	tue	wed	thu	fri	sat	sun
						1
2	3	4	5	6	(7)	8
9	10	11	12	13	14	15
16	17	18	19	20	21	(22)
23	24	25	26	27	28	29
30	31					

2 ·FEBRUARY·

mon	tue	wed	thu	fri	sat	sun
			1	2	3	4	5
6	7	8	9	10	11	12
13	14	15	16	17	18	19
20	21	22	23	24	25	26
27	28					

1/7 仕事や対外的な活動の場で、大きな成果を出せそう。目標達成の時。満願成就。

1/3–1/27 愛とクリエイティブな活動に追い風が。2020年頃から取り組んできた愛の問題が、このあたりで最終的な解決に向かうかも。

1/22 「愛が生まれる」タイミング。夢中になれるものに出会えるかも。ここで見つけた「好きなもの・人」との関わりは長続きしそう。

1/18–2/11 昨年末から家族や身近な人との間に問題を抱えていた人は、ここで解決できそう。誤解が解ける。家の中が片づいていく。

2/20–3/17 人間関係において学ぶことが多い時。パートナーとの関係も活性化する。「歩み寄る」必要が出てくるかも。

3 •MARCH•

mon	tue	wed	thu	fri	sat	sun
		1	2	3	4	5
6	⑦	8	9	10	11	12
13	14	15	16	17	18	19
20	21	22	㉓	24	㉕	26
27	28	29	30	31		

3/7 愛について悩みを抱えていた人は、ここまでにトンネルを抜け出せる。過去3年ほどの愛についての努力が報われる時。

3/7 ここから、他者への責任や自分の果たすべき役割について深く考えることになる。非常に根本的な問題解決に取り組み始める人も。

3/23 ここから2043年頃にかけ、長期的な愛の変容の時間へ。愛や創造的な活動を通して、根源的な人間的変化が起こる。

3/25–5/21 熱い多忙期。勝負を受けて立つ人、チャレンジする人が多そう。

4 •APRIL•

mon	tue	wed	thu	fri	sat	sun
				1	2	
3	4	5	⑥	7	8	9
10	11	12	13	14	15	16
17	18	19	⑳	21	22	23
24	25	26	27	28	29	30

4/6 頑張ってきたことが認められるような、大きなステップアップのタイミング。

4/20 人間関係がぐっと深くなる時。意外な出会い、利害関係を含んだ関係性の変化。

5 • MAY •

mon	tue	wed	thu	fri	sat	sun
1	2	3	4	5	6	7
8	9	10	11	12	13	14
15	16	17	18	19	⑳	㉑
22	23	24	25	26	27	28
29	30	31				

5/7–6/5　特に忙しくなる。得意なことと不得意なことを組み合わせながら活躍することになるかも。人との協力がポイントに。

5/20　ここから2024年にまたがって「ギフトの時間」に入る。人から受け取るものが増える。人からの提案には「乗ってみようかな」という発想が大切。

5/21–10/9　素晴らしい仲間に恵まれる。夢に大きく近づける時。楽観的な態度、希望を信じる力が重要に。周囲を巻き込んで大スケールの活動ができるかも。

6 • JUNE •

mon	tue	wed	thu	fri	sat	sun
			1	2	3	4
5	6	7	8	9	10	11
12	13	14	15	16	17	18
19	20	21	22	23	24	25
26	27	28	29	30		

6/5–7/10　特に人間関係が熱く盛り上がる。仲間や友だちと過ごす時間が、密度を増す。

7 • JULY •

mon	tue	wed	thu	fri	sat	sun
					1	2
③	4	5	6	7	8	9
10	11	12	13	14	15	16
17	⑱	19	20	21	22	23
24	25	26	27	28	29	30
31						

7/3　身近な人との絆がぐっと強まる。過去10年くらいの中で育った、心の結びつきを実感できる。

7/18　新しいミッションがスタートするタイミング。誰かからの贈り物のようなチャンスも。

8 • AUGUST •

mon	tue	wed	thu	fri	sat	sun
	1	②	3	4	5	6
7	8	9	10	11	12	13
14	15	⑯	17	18	19	20
21	22	23	24	25	26	27
28	29	30	31			

8/2　「愛が満ちる」時。クリエイティブな活動において、「傑作が完成する」ような展開も。

8/16　新しい友だちができるかも。素敵な出会い、招待や紹介がありそう。

8/27–10/12　「自分との闘い」の季節へ。身体を動かしたくなるかも。自分自身を変えようとする試みが、結果につながる。

9 · SEPTEMBER ·

mon	tue	wed	thu	fri	sat	sun
				1	2	3
④	5	6	7	8	9	10
11	12	13	14	15	16	17
18	19	20	21	22	23	24
25	26	27	28	㉙	30	

9/4 利害関係や立場性を離れて、本当の友情が結ばれる。ここまで共有した経験が信頼関係へと昇華していく。

9/29 誰かの気持ちがダイレクトに心に飛び込んでくるかも。あるいは、誰かの懐にどーんと飛び込むような場面も。

10 · OCTOBER ·

mon	tue	wed	thu	fri	sat	sun
						1
2	3	4	5	6	7	8
9	10	11	12	13	14	⑮
16	17	18	19	20	21	22
23	24	25	26	27	28	㉙
30	31					

10/15 特別な「スタート」のタイミング。非常に重要な選択・決断をする人も。

10/12–11/24 経済活動が熱く盛り上がる。欲しいものがガツンと手に入る時。人から特別なものを譲り受ける人も。

10/29 意外な連絡が入りそう。面白い申し出、特別なオファーの気配。

11 • NOVEMBER •

mon	tue	wed	thu	fri	sat	sun
				1	2	3	4	5
6	7	8	9	⑩	11	12
13	14	15	16	17	18	19
20	21	22	23	24	25	26
27	28	29	30			

11/10–2024/1/23　コミュニケーションがゆたかに盛り上がる。この期間、集中的に勉強する人も。懐かしい人から連絡が来る気配。

11/8–12/5　素晴らしい愛の季節。2020年頃から苦労があった人は、その苦労の結果、ここでバラ色の日々に包まれるかも。

12 • DECEMBER •

mon	tue	wed	thu	fri	sat	sun
				1	2	3
4	5	6	7	8	9	10
11	12	⑬	14	15	16	17
18	19	20	21	22	23	24
25	26	㉗	28	29	30	31

12/13　朗報が飛び込んできて、そこから何かが始まるかも。「助け船」のような知らせ、ゴーサインとなるメッセージ。

12/27　仕事や対外的な活動において、大きな成果を挙げられそう。年末のボーナスのような嬉しい出来事も。

2023年のプチ占い（天秤座〜魚座）

天秤座（9/24-10/23生まれ）

「出会いの時間」が5月まで続く。公私ともに素敵な出会い・関わりに恵まれる。パートナーを得る人も。6月から10月上旬は交友関係に愛が満ちる。視野が広がり、より大きな場に立つことになる年。

蠍座（10/24-11/22生まれ）

特別な「縁」が結ばれる年。不思議な経緯、意外な展開で、公私ともに新しい関わりが増えていく。6月から10月上旬、キラキラのチャンスが巡ってきそう。嬉しい役割を得て、楽しく活躍できる年。

射手座（11/23-12/21生まれ）

年の前半は「愛と創造の時間」の中にある。誰かとの真剣勝負に挑んでいる人も。年の半ばを境に、「役割を作る」時間に入る。新たな任務を得ることになりそう。心身の調子が上向く。楽しい冒険旅行も。

山羊座（12/22-1/20生まれ）

「居場所を作る」時間が5月まで続く。新たな住処を得る人、家族を得る人も。5月以降は「愛と創造の時間」へ。自分自身を解放するような、大きな喜びを味わえそう。経済的にも上昇気流が生じる。

水瓶座（1/21-2/19生まれ）

2020年頃からのプレッシャーから解放される。孤独感が和らぎ、日々を楽しむ余裕を持てる。5月以降は素晴らしい愛と創造の時間へ。人を愛することの喜び、何かを生み出すことの喜びに満ちる。

魚座（2/20-3/20生まれ）

強い意志をもって行動できる年。時間をかけてやり遂げたいこと、大きなテーマに出会う。経済的に強い追い風が吹く。年の半ば以降、素晴らしいコミュニケーションが生まれる。自由な学びの年。

（※牡羊座〜乙女座はP.30）

HOSHIORI

星のサイクル
冥王星

✥ 冥王星のサイクル

　2023年3月、冥王星が山羊座から水瓶座へと移動を開始します。この後も逆行・順行を繰り返しながら進むため、完全に移動が完了するのは2024年ですが、この3月から既に「水瓶座冥王星時代」に第一歩を踏み出すことになります。冥王星が山羊座入りしたのは2008年、それ以来の時間が、新しい時間へと移り変わってゆくのです。冥王星は根源的な変容、破壊と再生、隠された富、深い欲望などを象徴する星です。2008年はリーマン・ショックで世界が震撼した年でしたが、2023年から2024年もまた、時代の節目となるような象徴的な出来事が起こるのかもしれません。この星が星座から星座へと移動する時、私たちの人生にはどんな変化が感じられるでしょうか。次のページでは冥王星のサイクルを年表で表現し、続くページで各時代があなたの星座にとってどんな意味を持つか、少し詳しく説明しました。そしてさらに肝心の、2023年からの「水瓶座冥王星時代」があなたにとってどんな時間になるか、考えてみたいと思います。

冥王星のサイクル年表 （詳しくは次のページへ）

時　期	天秤座のあなたにとってのテーマ
1912年 - 1939年	人生全体を賭けられる目標を探す
1937年 - 1958年	友情、社会的生活の再発見
1956年 - 1972年	内面化された規範意識との対決
1971年 - 1984年	キャラクターの再構築
1983年 - 1995年	経済力、価値観、欲望の根本的再生
1995年 - 2008年	コミュニケーションの「迷路」を抜けてゆく
2008年 - 2024年	精神の最深部への下降、子供だった自分との再会
2023年 - 2044年	愛や創造的活動を通して、「もう一人の自分」に出会う
2043年 - 2068年	「生活」の根源的ニーズを発見する
2066年 - 2097年	他者との出会いにより、人生が変わる
2095年 - 2129年	他者の人生と自分の人生の結節点・融合点
2127年 - 2159年	「外部」への出口を探し当てる

※時期について／冥王星は順行・逆行を繰り返すため、星座の境界線を何度か往復してから移動を完了する。上記の表で、開始時は最初の移動のタイミング、終了時は移動完了のタイミング。

◈ 1912-1939年　人生全体を賭けられる目標を探す

人生において最も大きな山を登る時間です。この社会において自分が持てる最大の力とはどんなものかを、徹底的に追求することになります。社会的成功への野心に、強烈に突き動かされます。「これこそが人生の成功だ」と信じられるイメージが、この時期の体験を通して根本的に変わります。

◈ 1937-1958年　友情、社会的生活の再発見

友達や仲間との関わり、「他者」の集団に身を置くことで自分を変えたい、という強い欲求が生まれます。自分を変えてくれるものこそはこれから出会う新たな友人である、というイメージが心を支配します。この広い世界と自分とをどのように結びつけ、居場所を得るかという大問題に立ち向かえる時です。

◈ 1956-1972年　内面化された規範意識との対決

自分の中で否定してきたこと、隠蔽してきたこと、背を向けてきたことの全てが、生活の水面上に浮かび上がる時です。たとえば何かが非常に気になったり、あるものを毛嫌いしたりする時、そこには自分の「内なるもの」がありありと映し出されています。精神の解放への扉を、そこに見いだせます。

◈ 1971-1984年　キャラクターの再構築

「自分はこういう人間だ」「自分のキャラクターはこれだ」というイメージが根源的に変容する時期です。まず、自分でもコントロールできないような大きな衝動に突き動かされ、「自分らしくないこと」の方向に向かい、その結果、過去の自分のイメージが消え去って、新たなセルフイメージが芽生えます。

◈1983-1995年 経済力、価値観、欲望の根本的再生

乗り物もない遠方で、突然自分の手では運べないほどの宝物を贈られたら、どうすればいいでしょうか。たとえばそんな課題から変容のプロセスがスタートします。強烈な欲望の体験、膨大な富との接触、その他様々な「所有・獲得」の激しい体験を通して、欲望や価値観自体が根源的に変化する時です。

◈1995-2008年 コミュニケーションの「迷路」を抜けてゆく

これまで疑問を感じなかったことに、いちいち「?」が浮かぶようになります。「そういうものなのだ」と思い込んでいたことへの疑念が生活の随所に浮上します。そこから思考が深まり、言葉が深みを増し、コミュニケーションが迷路に入り込みます。この迷路を抜けたところに、知的変容が完成します。

◈2008-2024年 精神の最深部への下降、子供だった自分との再会

不意に子供の頃の思い出と感情がよみがえり、その思いに飲み込まれるような状態になりやすい時です。心の階段を一段一段降りてゆき、より深い精神的世界へと触れることになります。この体験を通して、現代の家庭生活や人間関係、日常の風景が大きく変化します。「心」が根源的変容を遂げる時です。

◈2023-2044年 愛や創造的活動を通して、「もう一人の自分」に出会う

圧倒的な愛情が生活全体を飲み込む時です。恋愛、子供への愛、そのほかの存在への愛が、一時的に人生の「すべて」となることもあります。この没入、陶酔、のめり込みの体験を通して、人生が大きく変化します。個人としての感情を狂おしいほど生きられる時間です。創造的な活動を通して財を築く人も。

◆2043-2068年 「生活」の根源的ニーズを発見する

物理的な「身体」、身体の一部としての精神状態、現実的な「暮らし」が、根源的な変容のプロセスに入る時です。常識や社会のルール、責任や義務などへの眼差しが変化します。たとえば過酷な勤務とそこからの離脱を通して、「人生で最も大事にすべきもの」がわかる、といった経験をする人も。

◆2066-2097年 他者との出会いにより、人生が変わる

一対一の人間関係において、火山の噴火のような出来事が起こる時です。人間の内側に秘められたエネルギーが他者との関わりをきっかけとして噴出し、お互いにそれをぶつけ合うような状況が生じることも。その結果、人間として見違えるような変容を遂げることになります。人生を変える出会いの時間です。

◆2095-2129年 他者の人生と自分の人生の結節点・融合点

誰の人生も、自分だけの中に閉じた形で完結していません。他者の人生となんらかの形で融け合い、混じり合い、深く影響を与え合っています。時には境目が曖昧になり、ほとんど一体化することもあります。この時期はそうした「他者の人生との連結・融合」という、特別なプロセスが展開します。

◆2127-2159年 「外部」への出口を探し当てる

「人間はどこから来て、どこに行くのだろう」「宇宙の果てには、何があるのだろう」「死んだ後は、どうなるのだろう」。たとえばそんな問いを、誰もが一度くらいは考えたことがあるはずです。この時期はそうした問いに、深く突っ込んでいくことになります。宗教や哲学などを通して、人生が変わる時です。

～ 2023年からのあなたの「冥王星時代」～
愛や創造的活動を通して、「もう一人の自分」に出会う

　2008年頃と今現在を比べると、住処や生活環境が様変わりしているのではないでしょうか。また、家族との関係が一変したり、ライフスタイルが激変したり、あの頃とは全く違う人々と暮らしている、という人もいるはずです。心の最も深いところからの変容が起こり、それと連動して、心の基盤である「暮らし」が変わったのです。依存的関係から離脱した人、幼い頃から固く信じていた「当たり前」の感覚を放棄した人、密接な人間関係の深い沼をくぐって「自己」を取り戻した人もいるでしょう。2023年から、あなたの情熱の核は、「愛」へと方向を転換します。一人で世界へ出て初めて出会ったものへの愛、自分が自分であるということを実感させてくれるものへの愛、世界が自分という独立した個人を絶対的肯定のもとに受け止めてくれるような愛を、この時期のあなたは熱望し、希求し始めるのです。ここでの「愛」は恋愛だけでなく、子供への愛、趣味や仕事への愛、ペットへの愛、その他様々なものへのあらゆる愛が含まれます。愛には、様々な段階が

あります。ささやかなトキメキから、人生の全てを支配するような深い愛の感情まで、「愛の重み」は千差万別です。この時期あなたが体験する「愛」は、そういう意味で、限りなく重いものとなります。昨今では「重い」という言葉を悪い意味で使うことが多いようですが、こと「愛」に関しては、これは当てはまりません。「軽い愛」と「重い愛」では、後者のほうが望ましいはずです。「重みのある愛」は、信頼性と継続性、そして一貫性のある愛です。簡単には壊れない愛、時間の流れや時代の風にも揺るがない愛です。この時期の愛はその「重み」によって、あなたの人生全体を再生させるのです。「愛の時代がやってきます」と言った時、多くの人が「愛される」イメージを浮かべます。でも、この時期のメインテーマはあなたが誰か、あるいは何かを強烈に賛美し、肯定し、欲し、こいねがうところの愛です。何かを好きになる気持ち、その対象に自分自身の存在を重ね合わせ、ぶつけてみたいと思う気持ちは、人生に大きな意味をもたらします。これまで自分の人生を「からっぽだ」と感じていた人ほど、2023年からの人生は濃密に、重厚に、豊饒になるはずです。

12星座プロフィール

LIBRA

天秤座のプロフィール
関わりの星座

I balance.

キャラクター

◈ 美への情熱

　天秤座は「美」の星座です。美しいもの、優雅なもの、より完全なものを追い求めるのが、天秤座の人々の基本的な生き方です。優れた審美眼を持ち、個々の事物の美だけでなく、物と物、人と人、人と物が関わり合ってできる「全体の美」を追求します。たとえば、買い物に出ても、天秤座の人はなかなかアイテムを選び取りません。心ゆくまで比較し、「これが最もいい」と完全に納得できるまで、選ぶことをやめないのです。

◈ 他者への情熱

　天秤座は「関わり」「関係性」の星座です。優れたコーディネーターとしての才能を持つ人も少なくありません。天秤座の人々は常に、他者に対して新鮮な、熱い思いを抱いています。人に興味を持ち、関心を向け、語りかけ、働きかけて、そこに「橋を架ける」労を惜しまないのです。交渉事や結婚、契約なども天秤座のテーマです。

私たちは、自分のことだけを考えているうちは「自分が何者なのか」は、なかなか掴めません。他者との出会いと関わりを通して、初めて「自分が何者なのか」を発見することになります。天秤座の人々が他者に強い関心を持つのは、決して世話焼きとかお節介だからではないのです。鏡を見なければ自分の姿を見られないように、私たちは他者と関わることでしか、自分が何者かを知ることができません。天秤座の人々は、他者との強い関わりを通して、自分は何者なのか、人間とは何なのか、という謎を、なんとかして解こうと試み続けているのです。

◆ 客観と比較

　人間の主観は、私たちが自覚する以上にバラバラです。100人いれば100通りの事実と現実、そして真実があります。無数の主観の寄せ集めである「社会」を成り立たせるのは、断絶した主観と主観の間に橋を架ける「客観」の試みです。お互いの違いを知り、差を比べ、それらを正当に扱う術を探し求めるのが、「客観」の試みと言えます。

　天秤座の人々は、その心に抱く「天秤」ゆえに、客観視を重んじます。客観視するにはどうしても、天秤を用いて、あれとこれとを比較しなければなりません。

　こうした心の動きは、天秤座の人々を、「優劣」のワナに

捕らえてしまうこともあります。比較対象でしか物事を捉えられなくなると、何かと人と比べては自分を他律的に評価するようになり、人から良く思われること、見栄を張ることなどが価値観の中心に居座ってしまうのです。こうなると、天秤座の人々は大きな苦悩に陥ります。

　この苦悩から脱出するには「審美眼」が手掛かりになります。判断する自分という主観を、自分の中心に取り戻したとき初めて、天秤は機能するのです。客観を追い求めつつも、天秤を支える「美を感じる軸」は、あくまで主観の中にあるのです。

支配星・神話

◇ 金星

　天秤座を支配するのは、愛と美の星・金星です。審美眼に優れ平和を愛する天秤座に、いかにもふさわしい支配星です。もう一つ、同じく金星に支配されている星座に、牡牛座があります。牡牛座の美と、天秤座の美とは、その仕組みを異にしています。牡牛座の美は、個対の美であり、絶対的な美です。この花も美しければあの花も美しい、といったように、牡牛座の世界の美は個別のものです。一方、天秤座の美は、どの美が最も優れた美かを勘案します。さらに「この花とあの花を組み合わせて活けたらさらに美しい

世界が広がる」といった発想も、天秤座の世界のものです。天秤座の人々は、比較し、吟味し、選び取り、組み合わせ、そして、さらにそのまわりへと美を広げていくのです。

◆ アストライアの天秤

　天秤座の「天秤」は、正義の女神アストライアが手にする、人の善悪をはかる天秤です。天秤は、古くから「ルール」「正義」「裁き」と結びつけられてきました。現在でも、裁判所や司法関係者のバッジなどに、天秤のモチーフが用いられています。

　天秤座の人々はそのモチーフにふさわしく、公平と正義を愛する人々です。狡さや醜さ、不正を心から憎み、人の心の弱さに対して、果敢に戦いを挑みます。

　とはいえ、この世の「正義」は、決して絶対的なものではありません。たとえば、人々が争うとき、互いに別々の正義を主張し合います。もし、ルールが絶対的に正しいならば、それを適用するだけで良く、互いに主張を闘わせて量刑を問う「裁判」は、必要ないはずです。正義とはごく主観的な、揺らぎの中にある観念で、秤のような客観的な道具で「はかる」ことでしか、扱えないものなのでしょう。

　ゆらゆら揺れる天秤のように、正義も公平も、世の中で常に揺らいでいます。この揺らぎがピタリと止まる点を求

めて、天秤座の人々は時間をかけて考えます。天秤座の人々はしばしば「優柔不断」と評されることがありますが、これは少々的外れのように思われます。天秤座の人々は「迷いの中で、決められずにいる」のではなく、「決定的な選択を求めて、妥協しない」のです。天秤座の人々は、いくつかの選択肢を前にして時間をかけて考えた後、非常に断定的に、一つのことを決断します。「決断」の言葉通り、他の選択肢を、斧でも振り下ろすかのように「断じて」しまうのです。

天秤座の才能

　マルチタスクが得意で、調整力に優れ、何でも完璧にこなす知力と行動力を備えています。あなたがやることは何でも、隅々まで神経が行き届いているので、人から特に必要とされ、頼られることが多いはずです。周囲がバラバラにアイデアを出してきても、あなたには「完成形」が見えているため、即座に「それはできる」「それはできない」という判断を下せます。判断力、真贋を見極める力、物事を「はかる」力が、あなたに備わった特別な才能です。「人を見る目」にも優れています。さらに、人を説得する力、納得させる力にも秀でている人が多いようです。

牡羊座　はじまりの星座

I am.

素敵なところ
裏表がなく純粋で、自他を比較しません。明るく前向きで、正義感が強く、諍いのあともさっぱりしています。欲しいものを欲しいと言える勇気、自己主張する勇気、誤りを認める勇気の持ち主です。

キーワード
勢い／勝負／果断／負けず嫌い／せっかち／能動的／スポーツ／ヒーロー・ヒロイン／華やかさ／アウトドア／草原／野生／丘陵／動物愛／議論好き／肯定的／帽子・頭部を飾るもの／スピード／赤

牡牛座　五感の星座

I have.

素敵なところ
感情が安定していて、態度に一貫性があります。知識や経験をたゆまずゆっくり、たくさん身につけます。穏やかでも不思議な存在感があり、周囲の人を安心させます。美意識が際立っています。

キーワード
感覚／色彩／快さ／リズム／マイペース／芸術／暢気(のんき)／贅沢／コレクション／一貫性／素直さと頑固さ／価値あるもの／美声・歌／料理／庭造り／変化を嫌う／積み重ね／エレガント／レモン色／白

双子座　知と言葉の星座

I think.

素敵なところ
イマジネーション能力が高く、言葉と物語を愛するユニークな人々です。フットワークが良く、センサーが敏感で、いくつになっても若々しく見えます。場の空気・状況を変える力を持っています。

キーワード
言葉／コミュニケーション／取引・ビジネス／相対性／比較／関連づけ／物語／比喩／移動／旅／ジャーナリズム／靴／天使・翼／小鳥／桜色／桃色／空色／文庫本／文房具／手紙

蟹座 感情の星座　　　　　　　　　　　I feel.

素敵なところ

心優しく、共感力が強く、人の世話をするときに手間を惜しみません。行動力に富み、人にあまり相談せずに大胆なアクションを起こすことがありますが、「聞けばちゃんと応えてくれる」人々です。

キーワード

感情／変化／月／守護・保護／日常生活／行動力／共感／安心／繰り返すこと／拒否／生活力／フルーツ／アーモンド／巣穴／胸部、乳房／乳白色／銀色／真珠

 獅子座 意思の星座　　　　　　　　　　　I will.

素敵なところ

太陽のように肯定的で、安定感があります。深い自信を持っており、側にいる人を安心させることができます。人を頷かせる力、一目置かせる力、パワー感を持っています。内面には非常に繊細な部分も。

キーワード

強さ／クールさ／肯定的／安定感／ゴールド／背中／自己表現／演技／芸術／暖炉／広場／人の集まる賑やかな場所／劇場・舞台／お城／愛／子供／緋色／パープル／緑

 乙女座 分析の星座　　　　　　　　　　　I analyze.

素敵なところ

一見クールに見えるのですが、とても優しく世話好きな人々です。他者に対する観察眼が鋭く、シャープな批評を口にしますが、その相手の変化や成長を心から喜べる、「教育者」の顔を持っています。

キーワード

感受性の鋭さ／「気が利く」人／世話好き／働き者／デザイン／コンサバティブ／胃腸／神経質／分析／調合／変化／回復の早さ／迷いやすさ／研究家／清潔／ブルーブラック／空色／桃色

天秤座　関わりの星座

I balance.

素敵なところ

高い知性に恵まれると同時に、人に対する深い愛を抱いています。視野が広く、客観性を重視し、細やかな気遣いができます。内側には熱い情熱を秘めていて、個性的なこだわりや競争心が強い面も。

キーワード

人間関係／客観視／合理性／比較対象／美／吟味／審美眼／評価／選択／平和／交渉／結婚／諍い（いさか）／調停／パートナーシップ／契約／洗練／豪奢／黒／芥子色（からし）／深紅色／水色／薄い緑色／ベージュ

蠍座　情熱の星座

I desire.

素敵なところ

意志が強く、感情に一貫性があり、愛情深い人々です。一度愛したものはずっと長く愛し続けることができます。信頼に足る、芯の強さを持つ人です。粘り強く努力し、不可能を可能に変えます。

キーワード

融け合う心／継承／遺伝／魅力／支配／提供／共有／非常に古い記憶／放出／流動／隠されたもの／湖沼／果樹園／庭／葡萄酒／琥珀／茶色／濃い赤／カギつきの箱／ギフト

射手座　冒険の星座

I understand.

素敵なところ

冒険心に富む、オープンマインドの人々です。自他に対してごく肯定的で、恐れを知らぬ勇気と明るさで周囲を照らし出します。自分の信じるものに向かってまっすぐに生きる強さを持っています。

キーワード

冒険／挑戦／賭け／負けず嫌い／馬や牛など大きな動物／遠い外国／語学／宗教／理想／哲学／おおらかさ／自由／普遍性／スピードの出る乗り物／船／黄色／緑色／ターコイズブルー／グレー

山羊座　実現の星座　　　　　　　　　　I use.

素敵なところ

夢を現実に変えることのできる人々です。自分個人の世界だけに収まる小さな夢ではなく、世の中を変えるような、大きな夢を叶えることができる力を持っています。優しく力強く、芸術的な人です。

キーワード

城を築く／行動力／実現／責任感／守備／権力／支配者／組織／芸術／伝統／骨董品／彫刻／寺院／華やかな色彩／ゴージャス／大きな楽器／黒／焦げ茶色／薄い茜色／深緑

水瓶座　思考と自由の星座　　　　　　　I know.

素敵なところ

自分の頭でゼロから考えようとする、澄んだ思考の持ち主です。友情に篤く、損得抜きで人と関わろうとする、静かな情熱を秘めています。ユニークなアイデアを実行に移すときは無二の輝きを放ちます。

キーワード

自由／友情／公平・平等／時代の流れ／流行／メカニズム／合理性／ユニセックス／神秘的／宇宙／飛行機／通信技術／電気／メタリック／スカイブルー／チェック、ストライプ

魚座　透明な心の星座　　　　　　　　　I believe.

素敵なところ

人と人とを分ける境界線を、自由自在に越えていく不思議な力の持ち主です。人の心にするりと入り込み、相手を支え慰めることができます。場や世界を包み込むような大きな心を持っています。

キーワード

変容／変身／愛／海／救済／犠牲／崇高／聖なるもの／無制限／変幻自在／天衣無縫／幻想／瞑想／蠱惑(こわく)／エキゾチック／ミステリアス／シースルー／黎明／白／ターコイズブルー／マリンブルー

用語解説

星の逆行

　星占いで用いる星々のうち、太陽と月以外の惑星と冥王星は、しばしば「逆行」します。これは、星が実際に軌道を逆走するのではなく、あくまで「地球からそう見える」ということです。

　たとえば同じ方向に向かう特急電車が普通電車を追い抜くとき、相手が後退しているように見えます。「星の逆行」は、この現象に似ています。地球も他の惑星と同様、太陽のまわりをぐるぐる回っています。ゆえに一方がもう一方を追い抜くとき、あるいは太陽の向こう側に回ったときに、相手が「逆走している」ように見えるのです。

　星占いの世界では、星が逆行するとき、その星の担うテーマにおいて停滞や混乱、イレギュラーなことが起こる、と解釈されることが一般的です。ただし、この「イレギュラー」は「不運・望ましくない展開」なのかというと、そうではありません。

　私たちは自分なりの推測や想像に基づいて未来の計画を立て、無意識に期待し、「次に起こること」を待ち受けます。その「待ち受けている」場所に思い通りのボールが飛んでこなかったとき、苛立ちや焦り、不安などを感じます。でも、そのこと自体が「悪いこと」かというと、決してそうではないはずです。なぜなら、人間の推測や想像には、限界があるか

らです。推測通りにならないことと、「不運」はまったく別の
ことです。

　星の逆行時は、私たちの推測や計画と、実際に巡ってくる
未来とが「噛み合いにくい」ときと言えます。ゆえに、現実
に起こる出来事全体が、言わば「ガイド役・導き手」となりま
す。目の前に起こる出来事に導いてもらうような形で先に
進み、いつしか、自分の想像力では辿り着けなかった場所に
「つれていってもらえる」わけです。

　水星の逆行は年に三度ほど、一回につき3週間程度で起こ
ります。金星は約1年半ごと、火星は2年に一度ほど、他の
星は毎年太陽の反対側に回る数ヵ月、それぞれ逆行します。

　たとえば水星逆行時は、以下のようなことが言われます。

◆失せ物が出てくる／この時期なくしたものはあとで出てくる

◆旧友と再会できる

◆交通、コミュニケーションが混乱する

◆予定の変更、物事の停滞、遅延、やり直しが発生する

　これらは「悪いこと」ではなく、無意識に通り過ぎてしまっ
た場所に忘れ物を取りに行くような、あるいは、トンネル
を通って山の向こうへ出るような動きです。掛け違えたボタ
ンを外してはめ直すようなことができる時間なのです。

ボイドタイム―月のボイド・オブ・コース

　ボイドタイムとは、正式には「月のボイド・オブ・コース」となります。実は、月以外の星にもボイドはあるのですが、月のボイドタイムは3日に一度という頻度で巡ってくるので、最も親しみやすい（？）時間と言えます。ボイドタイムの定義は「その星が今いる星座を出るまで、他の星とアスペクト（特別な角度）を結ばない時間帯」です。詳しくは占星術の教科書などをあたってみて下さい。

　月のボイドタイムには、一般に、以下のようなことが言われています。

◆ 予定していたことが起こらない／想定外のことが起こる

◆ ボイドタイムに着手したことは無効になる

◆ 期待通りの結果にならない

◆ ここでの心配事はあまり意味がない

◆ 取り越し苦労をしやすい

◆ 衝動買いをしやすい

◆ この時間に占いをしても、無効になる。意味がない

　ボイドをとても嫌う人も少なくないのですが、これらをよく見ると、「悪いことが起こる」時間ではなく、「あまりいろいろ気にしなくてもいい時間」と思えないでしょうか。

とはいえ、たとえば大事な手術や面接、会議などがこの時間帯に重なっていると「予定を変更したほうがいいかな？」という気持ちになる人もいると思います。

　この件では、占い手によっても様々に意見が分かれます。その人の人生観や世界観によって、解釈が変わり得る要素だと思います。

　以下は私の意見なのですが、大事な予定があって、そこにボイドや逆行が重なっていても、私自身はまったく気にしません。

　では、ボイドタイムは何の役に立つのでしょうか。一番役に立つのは「ボイドの終わる時間」です。ボイド終了時間は、星が星座から星座へ、ハウスからハウスへ移動する瞬間です。つまり、ここから新しい時間が始まるのです。

　たとえば、何かうまくいかないことがあったなら、「365日のカレンダー」を見て、ボイドタイムを確認します。もしボイドだったら、ボイド終了後に、物事が好転するかもしれません。待っているものが来るかもしれません。辛い待ち時間や気持ちの落ち込んだ時間は、決して「永遠」ではないのです。

月齢について

　本書では月の位置している星座から、自分にとっての「ハウス」を読み取り、毎日の「月のテーマ」を紹介しています。ですが月にはもう一つの「時計」としての機能があります。それは、「満ち欠け」です。

　月は1ヵ月弱のサイクルで満ち欠けを繰り返します。夕方に月がふと目に入るのは、新月から満月へと月が膨らんでいく時間です。満月から新月へと月が欠けていく時間は、月が夜遅くから明け方でないと姿を現さなくなります。

　夕方に月が見える・膨らんでいく時間は「明るい月の時間」で、物事も発展的に成長・拡大していくと考えられています。一方、月がなかなか出てこない・欠けていく時間は「暗い月の時間」で、物事が縮小・凝縮していく時間となります。

　これらのことはもちろん、科学的な裏付けがあるわけではなく、あくまで「古くからの言い伝え」に近いものです。

　新月と満月のサイクルは「時間の死と再生のサイクル」です。このサイクルは、植物が繁茂しては枯れ、種によって子孫を残す、というイメージに重なります。「死」は本当の「死」ではなく、種や球根が一見眠っているように見える、その状態を意味します。

　そんな月の時間のイメージを、図にしてみました。

【新月】
種蒔き

芽が出る、新しいことを始める、目標を決める、新品を下ろす、髪を切る、悪癖をやめる、コスメなど、古いものを新しいものに替える

【上弦】
成長

勢い良く成長していく、物事を付け加える、増やす、広げる、決定していく、少し一本調子になりがち

【満月】
開花、
結実

達成、到達、充実、種の拡散、実を収穫する、人間関係の拡大、ロングスパンでの計画、このタイミングにゴールや〆切りを設定しておく

【下弦】
貯蔵、
配分

加工、貯蔵、未来を見越した作業、不要品の処分、故障したものの修理、古物の再利用を考える、蒔くべき種の選別、ダイエット開始、新月の直前、材木を切り出す

【新月】
次の
種蒔き

新しい始まり、仕切り直し、軌道修正、過去とは違った選択、変更

月のフェーズ

以下、月のフェーズを六つに分けて説明してみます。

● 新月　New moon

「スタート」です。時間がリセットされ、新しい時間が始まる！というイメージのタイミングです。この日を境に悩みや迷いから抜け出せる人も多いようです。とはいえ新月の当日は、気持ちが少し不安定になる、という人もいるようです。細い針のような月が姿を現す頃には、フレッシュで爽やかな気持ちになれるはずです。日食は「特別な新月」で、1年に二度ほど起こります。ロングスパンでの「始まり」のときです。

◐ 三日月〜 ◑ 上弦の月　Waxing crescent - First quarter moon

ほっそりした月が半月に向かうに従って、春の草花が生き生きと繁茂するように、物事が勢い良く成長・拡大していきます。大きく育てたいものをどんどん仕込んでいけるときです。

◑ 十三夜月〜小望月　Waxing gibbous moon

少量の水より、大量の水を運ぶときのほうが慎重さを必要とします。それにも似て、この時期は物事が「完成形」に近づき、細かい目配りや粘り強さ、慎重さが必要になるようです。一歩一歩確かめながら、満月というゴールに向かいます。

○ 満月　Full moon

新月からおよそ2週間、物事がピークに達するタイミングです。文字通り「満ちる」ときで、「満を持して」実行に移せることもあるでしょう。大事なイベントが満月の日に計画されている、ということもよくあります。意識してそうしたのでなくとも、関係者の予定を繰り合わせたところ、自然と満月前後に物事のゴールが置かれることがあるのです。

月食は「特別な満月」で、半年から1年といったロングスパンでの「到達点」です。長期的なプロセスにおける「折り返し地点」のような出来事が起こりやすいときです。

☽ 十六夜の月〜寝待月　Waning gibbous moon

樹木の苗や球根を植えたい時期です。時間をかけて育てていくようなテーマが、ここでスタートさせやすいのです。また、細くなっていく月に擬えて、ダイエットを始めるのにも良い、とも言われます。植物が種をできるだけ広くまき散らそうとするように、人間関係が広がるのもこの時期です。

◑ 下弦の月〜 ◔ 二十六夜月　Last quarter - Waning crescent moon

秋から冬に球根が力を蓄えるように、ここでは「成熟」がテーマとなります。物事を手の中にしっかり掌握し、力をためつつ「次」を見据えてゆっくり動くときです。いたずらに物珍しいことに踊らされない、どっしりした姿勢が似合います。

◆ 太陽星座早見表　天秤座

（1930～2025年／日本時間）

太陽が天秤座に滞在する時間帯を下記の表にまとめました。
これより前は乙女座、これより後は蠍座ということになります。

生まれた年	期　　　間
1930	9/24　　3:36 ～ 10/24 12:25
1931	9/24　　9:23 ～ 10/24 18:15
1932	9/23　15:16 ～ 10/24　0:03
1933	9/23　21:01 ～ 10/24　5:47
1934	9/24　　2:45 ～ 10/24 11:35
1935	9/24　　8:38 ～ 10/24 17:28
1936	9/23　14:26 ～ 10/23 23:17
1937	9/23　20:13 ～ 10/24　5:06
1938	9/24　　2:00 ～ 10/24 10:53
1939	9/24　　7:49 ～ 10/24 16:45
1940	9/23　13:46 ～ 10/23 22:38
1941	9/23　19:33 ～ 10/24　4:26
1942	9/24　　1:16 ～ 10/24 10:14
1943	9/24　　7:12 ～ 10/24 16:07
1944	9/23　13:02 ～ 10/23 21:55
1945	9/23　18:50 ～ 10/24　3:43
1946	9/24　　0:41 ～ 10/24　9:34
1947	9/24　　6:29 ～ 10/24 15:25
1948	9/23　12:22 ～ 10/23 21:17
1949	9/23　18:06 ～ 10/24　3:02
1950	9/23　23:44 ～ 10/24　8:44
1951	9/24　　5:37 ～ 10/24 14:35
1952	9/23　11:24 ～ 10/23 20:21
1953	9/23　17:06 ～ 10/24　2:05

生まれた年	期　　　間
1954	9/23　22:55 ～ 10/24　7:55
1955	9/24　　4:41 ～ 10/24 13:42
1956	9/23　10:35 ～ 10/23 19:33
1957	9/23　16:26 ～ 10/24　1:23
1958	9/23　22:09 ～ 10/24　7:10
1959	9/24　　4:08 ～ 10/24 13:10
1960	9/23　　9:59 ～ 10/23 19:01
1961	9/23　15:42 ～ 10/24　0:46
1962	9/23　21:35 ～ 10/24　6:39
1963	9/24　　3:24 ～ 10/24 12:28
1964	9/23　　9:17 ～ 10/23 18:20
1965	9/23　15:06 ～ 10/24　0:09
1966	9/23　20:43 ～ 10/24　5:50
1967	9/24　　2:38 ～ 10/24 11:43
1968	9/23　　8:26 ～ 10/23 17:29
1969	9/23　14:07 ～ 10/23 23:10
1970	9/23　19:59 ～ 10/24　5:03
1971	9/24　　1:45 ～ 10/24 10:52
1972	9/23　　7:33 ～ 10/23 16:40
1973	9/23　13:21 ～ 10/23 22:29
1974	9/23　18:58 ～ 10/24　4:10
1975	9/24　　0:55 ～ 10/24 10:05
1976	9/23　　6:48 ～ 10/23 15:57
1977	9/23　12:29 ～ 10/23 21:40

生まれた年	期 間
1978	9/23　18:25　～　10/24　3:36
1979	9/24　0:16　～　10/24　9:27
1980	9/23　6:09　～　10/23　15:17
1981	9/23　12:05　～　10/23　21:12
1982	9/23　17:46　～　10/24　2:57
1983	9/23　23:42　～　10/24　8:53
1984	9/23　5:33　～　10/23　14:45
1985	9/23　11:07　～　10/23　20:21
1986	9/23　16:59　～　10/24　2:13
1987	9/23　22:45　～　10/24　8:00
1988	9/23　4:29　～　10/23　13:43
1989	9/23　10:20　～　10/23　19:34
1990	9/23　15:56　～　10/24　1:13
1991	9/23　21:48　～　10/24　7:04
1992	9/23　3:43　～　10/23　12:56
1993	9/23　9:22　～　10/23　18:36
1994	9/23　15:19　～　10/24　0:35
1995	9/23　21:13　～　10/24　6:31
1996	9/23　3:00　～　10/23　12:18
1997	9/23　8:56　～　10/23　18:14
1998	9/23　14:37　～　10/23　23:58
1999	9/23　20:31　～　10/24　5:51
2000	9/23　2:28　～　10/23　11:46
2001	9/23　8:06　～　10/23　17:26

生まれた年	期 間
2002	9/23　13:56　～　10/23　23:18
2003	9/23　19:48　～　10/24　5:09
2004	9/23　1:31　～　10/23　10:49
2005	9/23　7:24　～　10/23　16:42
2006	9/23　13:04　～　10/23　22:27
2007	9/23　18:52　～　10/24　4:15
2008	9/23　0:46　～　10/23　10:09
2009	9/23　6:20　～　10/23　15:44
2010	9/23　12:10　～　10/23　21:35
2011	9/23　18:06　～　10/24　3:30
2012	9/22　23:50　～　10/23　9:14
2013	9/23　5:45　～　10/23　15:10
2014	9/23　11:30　～　10/23　20:57
2015	9/23　17:22　～　10/24　2:47
2016	9/22　23:22　～　10/23　8:46
2017	9/23　5:03　～　10/23　14:27
2018	9/23　10:55　～　10/23　20:23
2019	9/23　16:51　～　10/24　2:20
2020	9/22　22:32　～　10/23　8:00
2021	9/23　4:22　～　10/23　13:51
2022	9/23　10:04　～　10/23　19:35
2023	9/23　15:50　～　10/24　1:20
2024	9/22　21:44　～　10/23　7:14
2025	9/23　3:20　～　10/23　12:50

おわりに

　これを書いているのは2022年8月なのですが、日本では新型コロナウイルスが「第7波」がピークを迎え、身近にもたくさんの人が感染するのを目の当たりにしています。2020年頃から世界を覆い始めた「コロナ禍」はなかなか収束の出口が見えないまま、多くの人を飲み込み続けています。今や世の中は「コロナ」に慣れ、意識の外側に置こうとしつつあるかのようにも見えます。

　2020年は土星と木星が同時に水瓶座入りした年で、星占い的には「グレート・コンジャンクション」「ミューテーション」など、時代の節目の時間として大いに話題になりました。2023年はその土星が水瓶座を「出て行く」年です。水瓶座は「風の星座」であり、ごく広い意味では「風邪」のような病気であった（症状は命に関わる酷いもので、単なる風邪などとはとても言えませんが！）COVID-19が、ここで土星と一緒に「退場」してくれれば！と、心から願っています。

　年次版の文庫サイズ『星栞』は、本書でシリーズ4作目となりました。表紙イラストのモチーフ「スイーツ」は、

2023年5月に木星が牡牛座に入ること、金星が獅子座に長期滞在することから、選んでみました。牡牛座は「おいしいもの」と関係が深い星座で、獅子座は華やかさ、表現力の世界です。美味しくて華やかなのは「お菓子！」だと思ったのです。また、「コロナ禍」が続く中で多くの人が心身に重大な疲労を蓄積し、自分で思うよりもずっと大きな苦悩を抱えていることも意識にありました。「甘いモノが欲しくなる時は、疲れている時だ」と言われます。かつて私も、猛烈なストレスを耐えて生きていた頃、毎日スーパーでちいさなフロランタンを買い、仕事帰りに齧（かじ）っていました。何の理性的根拠もない「占い」ですが、時に人の心に希望をもたらす「溺れる者の藁（わら）」となることもあります。2023年、本書が読者の方の心に、小さな甘いキャンディのように響くことがあれば、と祈っています。

星栞　2023年の星占い
天秤座

2022年9月30日　第1刷発行

著者　　石井ゆかり

発行人　石原正康
発行元　株式会社 幻冬舎コミックス
　　　　〒151-0051 東京都渋谷区千駄ヶ谷4-9-7
　　　　電話 03-5411-6431（編集）
発売元　株式会社 幻冬舎
　　　　〒151-0051 東京都渋谷区千駄ヶ谷4-9-7
　　　　電話 03-5411-6222（営業）
　　　　振替 00120-8-767643

印刷・製本所：株式会社 光邦
デザイン：竹田麻衣子（Lim）
DTP：株式会社 森の印刷屋、安居大輔（Dデザイン）
STAFF：齋藤至代（幻冬舎コミックス）、
　　　　佐藤映湖・滝澤 航（オーキャン）、三森定史
装画：砂糖ゆき